Introducción a la inteligencia artificial. IFCT117

Roberto Pérez Huguet

ic editorial

Introducción a la inteligencia artificial. IFCT117
© Roberto Pérez Huguet

1ª Edición

© IC Editorial, 2025

Editado por: IC Editorial
c/ Cueva de Viera, 2, Local 3
Centro Negocios CADI
29200 Antequera (Málaga)
Teléfono: 952 70 60 04
Fax: 952 84 55 03
Correo electrónico: iceditorial@iceditorial.com
Internet: www.iceditorial.com

ISBN: 979-13-7027-051-3
Depósito Legal: MA 1584-2025

Impresión: PODiPrint
Impreso en Andalucía – España

Nota de la editorial: IC Editorial pertenece a Innovación y Cualificación S. L.

Especialidad formativa

Se entiende por especialidad formativa la agrupación de contenidos, competencias profesionales y especificaciones técnicas que responde a un conjunto de actividades de trabajo enmarcadas en una fase del proceso de producción y con funciones afines.

Las especialidades formativas de Uso General, Formación Complementaria, Formación Modular y las especialidades formativas dirigidas a la obtención de certificados de profesionalidad se incluyen en el Fichero de Especialidades del Servicio Público de Empleo Estatal para su gestión en todo el territorio nacional por cualquier Administración competente.

Las especialidades complementarias, pertenecen todas a la Familia profesional de Formación Complementaria (FCO) y tienen la consideración de formación transversal en áreas que se consideran prioritarias tanto en el marco de la Estrategia Europea para el Empleo y del Sistema Nacional de Empleo como en las directrices establecidas por la Unión Europea. Se consideran áreas prioritarias las relativas a tecnologías de la información y la comunicación, la prevención de riesgos laborales, la sensibilización en medio ambiente, la promoción de la igualdad, la orientación profesional y aquellas otras que se establezcan por la Administración competente.

Las especialidades de Certificado de profesionalidad tienen una duración especificada en su normativa reguladora.

En el resultado de la búsqueda, se muestran las unidades de competencia, todos los módulos formativos con su duración y las unidades formativas del certificado correspondiente, con su duración. Las horas del certificado, exclusivo de las especialidades de certificado de profesionalidad, con alta igual o superior a 2008, son las horas totales más las horas del módulo de Prácticas Profesionales no Laborales.

➲ **Si la especialidad tiene unidades formativas,** las horas totales, presencial, distancia, teleformación serán igual a la suma de esas horas de las unidades formativas de los distintos módulos, sin que se repita ninguna Unidad formativa.

➲ **Si la especialidad no tiene unidades formativas,** las horas totales, presencial, distancia, teleformación serán igual a las sumas de esas horas de los módulos formativos, eliminando las horas de los módulos repetidos.

https://sede.sepe.gob.es/especialidadesformativas/RXBuscadorEFRED/BusquedaEspecialidades.do

(Fuente: Servicio Público de Empleo Estatal)

Índice

OBJETIVOS GENERALES

Los objetivos generales de **Introducción a la inteligencia artificial. IFCT117,** son:

- ➲ Aproximarse a la inteligencia artificial y sus aplicaciones, e identificar el estilo de liderazgo necesario para su implementación en la empresa.
- ➲ Comprender los fundamentos, la evolución y las aplicaciones actuales de la inteligencia artificial, con énfasis en la inteligencia aumentada, para analizar su impacto y potencial de implementación en entornos organizacionales y tecnológicos.
- ➲ Entender cómo la inteligencia artificial transforma distintos sectores de la sociedad, explorando sus aplicaciones, las tecnologías que la acompañan, sus innovaciones, los desafíos éticos que plantea y el tipo de liderazgo necesario para usarla de forma responsable.

Identificación de las aplicaciones de la inteligencia artificial

Contenido

Objetivos

El objetivo general de esta Unidad de Aprendizaje es:

→ Comprender los fundamentos, la evolución y las aplicaciones actuales de la inteligencia artificial, con énfasis en la inteligencia aumentada, para analizar su impacto y potencial de implementación en entornos organizacionales y tecnológicos.

Los objetivos específicos de esta Unidad de Aprendizaje son:

→ Definir los conceptos clave de inteligencia artificial e inteligencia aumentada, así como su evolución histórica y los enfoques tecnológicos fundamentales.

→ Identificar las principales aplicaciones de la inteligencia artificial y, en particular, de la inteligencia aumentada en distintos contextos.

→ Analizar cómo la inteligencia aumentada puede aplicarse estratégicamente dentro de una organización para mejorar procesos y toma de decisiones.

→ Reconocer las tecnologías emergentes y sistemas robóticos que respaldan el desarrollo y la implementación de soluciones basadas en inteligencia artificial.

→ Comparar las diferencias clave entre la inteligencia artificial (IA) y la inteligencia artificial aumentada (IA+).

1. Introducción

La inteligencia artificial (IA) ha pasado de ser un concepto futurista a convertirse en una realidad presente en muchos aspectos de la vida cotidiana y profesional. Desde los asistentes virtuales y las recomendaciones automatizadas hasta los sistemas complejos de análisis de datos, la inteligencia artificial está transformando la forma en la que se interactúa con la tecnología. Este fenómeno, además de implicar la automatización de los procesos, también define una nueva forma de colaboración entre las personas y las máquinas, lo que da lugar a la denominada inteligencia aumentada, donde las capacidades personales se potencian gracias a las herramientas basadas en la inteligencia artificial.

Para entender este cambio de paradigma, es esencial conocer los fundamentos conceptuales y técnicos que sustentan la inteligencia artificial. La inteligencia artificial no es una disciplina única, sino que es un campo multidisciplinar que agrupa elementos de la informática, como la estadística, la neurociencia o la filosofía, entre otros. A lo largo de su historia, la inteligencia artificial ha experimentado avances significativos, desde los primeros algoritmos hasta los actuales sistemas de aprendizaje profundo que imitan el razonamiento humano. Esta evolución se ha visto impulsada por las mejoras producidas en la capacidad computacional de los equipos, el acceso a grandes volúmenes de datos y el desarrollo de los nuevos modelos algorítmicos.

María y Pedro están hablando sobre el impacto creciente que está teniendo la inteligencia artificial en múltiples sectores, por lo que quieren identificar las principales áreas de aplicación en las que tiene presencia.

A medida que vayan profundizando en el tema, descubrirán la presencia importante que tiene en el sector sanitario, con sistemas que apoyan diagnósticos; en el educativo, con plataformas adaptativas; y en las finanzas, con herramientas de ayuda para la detección de fraudes y para la gestión de las inversiones. Entender estas aplicaciones es un elemento clave para ambos para poder aprovechar el potencial que tiene la inteligencia artificial en sus propios proyectos, lo que les permitirá adaptarse estratégicamente a los avances tecnológicos.

2. Introducción a la inteligencia artificial

☞ HILO CONDUCTOR

María y Pedro siguen hablando sobre la inteligencia artificial, puesto que quieren entender qué es y cómo está transformando su entorno. Descubrirán que la inteligencia artificial se trata de un conjunto de tecnologías que permiten a las máquinas y equipos imitar las funciones humanas como aprender, razonar, resolver problemas y tomar decisiones.

Durante su charla destacan que lo que antes parecía ciencia ficción hoy forma parte de su vida cotidiana, como los asistentes de voz, los sistemas de recomendación en plataformas digitales, los traductores automáticos o los filtros de *spam* en el correo electrónico.

Esta primera aproximación a la inteligencia artificial les permitirá entender que no se trata solo de robots, sino de una herramienta poderosa que está cambiando la manera de trabajar.

La **inteligencia artificial** se puede definir como la disciplina que busca desarrollar sistemas capaces de realizar tareas que tradicionalmente requieren del uso de la inteligencia humana, como aprender, razonar, resolver problemas o comunicarse usando el lenguaje natural. Dentro de este campo, cobra especial relevancia el concepto de inteligencia aumentada, una vertiente centrada en complementar y potenciar las capacidades humanas mediante el uso de tecnologías inteligentes, en lugar de reemplazarlas. Ambos enfoques representan un cambio significativo en la manera en la que se concibe la relación entre las personas y las máquinas, impulsando nuevas dinámicas en la toma de decisiones, en la productividad o en la innovación.

El desarrollo de la inteligencia artificial no es un fenómeno reciente. Sus raíces se remontan a mediados del siglo XX, cuando investigadores como **Alan Turing** comenzaron a explorar la posibilidad de crear máquinas pensantes. A lo largo de las décadas, la inteligencia artificial ha atravesado períodos de gran entusiasmo y estancamiento, conocidos como los "inviernos de la inteligencia artificial", hasta llegar a su auge actual, impulsado por los avances en la capacidad de cómputo, aumento de la disponibilidad de grandes volúmenes de datos y mejoras en los algoritmos. Esta evolución ha permitido pasar de sistemas basados en reglas a complejas redes neuronales capaces de aprender por sí mismas.

Máquina Enigma utilizada por el ejército alemán durante la Segunda Guerra Mundial para cifrar mensajes.

Actualmente, la inteligencia artificial se sustenta en una variedad de enfoques y tecnologías fundamentales. Entre los más destacados se encuentran el **aprendizaje automático** *(machine learning)*, el **aprendizaje profundo** *(deep learning)*, los **sistemas expertos** o el **procesamiento del lenguaje natural.** Estas herramientas permiten construir sistemas con diferentes niveles de autonomía, precisión y adaptabilidad. Entender estas bases tecnológicas, además de ayudar a comprender cómo funciona la inteligencia artificial, también ayuda a visualizar sus múltiples aplicaciones en sectores como la salud, la educación, la industria y los servicios.

 **VÍDEO**

En el siguiente vídeo se puede descubrir la historia de Alan Turing, el genio que descifró los códigos nazis y revolucionó la computación. También se aborda la injusticia que marcó su vida personal. Accede desde aquí.

https://redirectoronline.com/ifct1170111

2.1. Definición de inteligencia artificial

La inteligencia artificial es un campo de la ciencia relacionado con la creación de equipos y máquinas que puedan razonar, aprender y actuar de una manera que normalmente requeriría de inteligencia humana o que involucra una cantidad de datos que excede los que las personas pueden analizar.

La inteligencia artificial es un **campo amplio** que incluye diversas disciplinas, como la informática, el análisis y la estadística de datos, la ingeniería de *hardware* y *software,* la lingüística, la neurociencia, la filosofía y la psicología.

A **nivel empresarial,** la inteligencia artificial es un conjunto de tecnologías que se basan principalmente en el aprendizaje automático y el aprendizaje profundo, que se usan para el análisis de datos, la generación de predicciones y previsiones, la categorización de objetos, el procesamiento del lenguaje natural, las recomendaciones, la recuperación inteligente de datos y mucho más.

La inteligencia artificial no se limita a replicar el comportamiento humano. Su propósito es **ampliar y mejorar las capacidades de las personas mediante soluciones más ágiles, precisas y adaptables.** Sin embargo, su constante evolución también plantea importantes desafíos éticos y requiere de un conocimiento crítico de su funcionamiento y de su impacto social.

Las dos características esenciales que definen los sistemas de inteligencia artificial son:

Capacidad de aprendizaje	Versatilidad
- A diferencia de los programas tradicionales, que ejecutan instrucciones fijas, los sistemas de inteligencia artificial son capaces de mejorar su rendimiento a medida que procesan nuevos datos. Esto se conoce como **aprendizaje automático o machine learning.**	- La inteligencia artificial puede aplicarse en una amplia gama de sectores. Está presente en algunos asistentes virtuales (como Siri o Alexa), en sistemas médicos que ayudan en los diagnósticos, en los vehículos autónomos, en las plataformas de recomendaciones (como Netflix o Amazon), o en las herramientas de análisis de datos, entre muchos otros sectores.

 **VÍDEO**

En el siguiente vídeo se realiza una explicación clara sobre qué es la inteligencia artificial, cómo funciona y para qué se utiliza en distintos ámbitos. Accede desde aquí para verlo.

https://redirectoronline.com/ifct1170101

2.2. Los datos y los algoritmos, elementos clave de la inteligencia artificial

El componente fundamental de cualquier sistema de inteligencia artificial son los datos. Cuanto mayor sea la cantidad de datos disponibles y mejor estén organizados, más eficaces y precisos serán los resultados obtenidos. La calidad de los datos influye directamente en la capacidad de la inteligencia artificial para ofrecer resultados y soluciones fiables, por lo que su correcta gestión es un aspecto clave en el trabajo con estos sistemas y tecnologías.

Antes de profundizar en los mecanismos de trabajo de la inteligencia, también se debe entender qué es un algoritmo, término muy habitual en este ámbito.

 **DEFINICIÓN**

Algoritmo
Conjunto de pasos lógicos y ordenados que permiten resolver un problema o desempeñar una tarea específica. Se puede comparar con una receta de cocina: mientras que la receta trabaja con ingredientes, cantidades y tiempos para preparar un plato, el algoritmo lo hace con datos y operaciones para conseguir un resultado determinado.

Algunos tipos de algoritmos, atendiendo a su función, son:

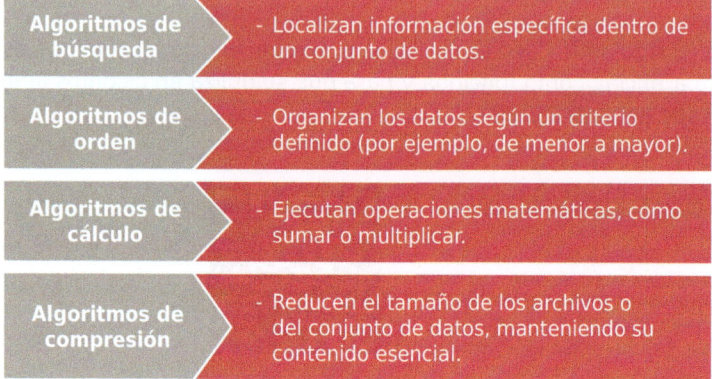

Algoritmos de búsqueda - Localizan información específica dentro de un conjunto de datos.

Algoritmos de orden - Organizan los datos según un criterio definido (por ejemplo, de menor a mayor).

Algoritmos de cálculo - Ejecutan operaciones matemáticas, como sumar o multiplicar.

Algoritmos de compresión - Reducen el tamaño de los archivos o del conjunto de datos, manteniendo su contenido esencial.

2.3. ¿Cómo funciona la inteligencia artificial?

La inteligencia artificial (IA) funciona mediante el procesamiento de datos para aprender, razonar y tomar decisiones sin intervención humana directa. Su funcionamiento se basa en varios componentes clave que interactúan entre sí para imitar, en cierta medida, la forma en la que las personas piensan, aprenden y resuelven los problemas.

Todo comienza con los **datos.** La inteligencia artificial necesita grandes cantidades de información para aprender, por lo que utiliza imágenes, textos, sonidos, registros históricos, etc.

 **EJEMPLO**

Una inteligencia artificial que recomienda música en una *app* como *Spotify* analiza las canciones favoritas, el tiempo de escucha y las listas de reproducción del usuario, junto con millones de datos de otros usuarios, para ofrecerle nuevas canciones que probablemente le gusten.

Otro elemento fundamental, sin el que no existiría la inteligencia artificial, son los **algoritmos** o conjuntos de instrucciones que le indican al sistema cómo debe analizar los datos. En el contexto de la inteligencia artificial, permiten que los equipos informáticos realicen tareas como clasificar información, reconocer objetos o predecir resultados.

 **EJEMPLO**

Un algoritmo de reconocimiento facial puede analizar la imagen de una cámara de seguridad y compararla con una base de datos para identificar a personas, utilizando patrones únicos del rostro como la distancia entre los ojos o la forma de la mandíbula.

El **aprendizaje de la inteligencia artificial** se basa en técnicas específicas que permiten a los modelos detectar patrones, identificar relaciones y tomar decisiones a partir de los datos obtenidos. Estos enfoques constituyen el centro del llamado aprendizaje automático *(machine learning),* una de las ramas más activas y utilizadas actualmente por la inteligencia artificial.

Algunas técnicas de aprendizaje que permiten a la inteligencia artificial mostrar resultados inteligentes y adaptativos son:

- **Aprendizaje supervisado:** enseñarle a un niño a identificar las frutas mostrándole imágenes con sus nombres es un ejemplo de aprendizaje supervisado, donde se aprende a partir de datos etiquetados. De forma similar, la inteligencia artificial usa este método para reconocer patrones y hacer predicciones precisas con nueva información.
- **Aprendizaje no supervisado:** el aprendizaje no supervisado dentro de la inteligencia artificial es similar a montar un rompecabezas sin una imagen que guíe: se agrupan piezas por color o forma sin instrucciones. Del mismo modo, la inteligencia artificial analiza los datos sin etiquetas para descubrir patrones ocultos, es útil en áreas como la segmentación de clientes o la detección de anomalías.
- **Aprendizaje por refuerzo:** el aprendizaje por refuerzo es similar a entrenar a un perro con recompensas: al recibir un premio por una acción correcta, aprende a repetirla. La inteligencia artificial, de forma similar, toma decisiones para aumentar las recompensas recibidas, lo cual es útil en tareas como los juegos, la robótica o la logística.
- **Aprendizaje profundo *(deep learning):*** el aprendizaje profundo es una técnica basada en las redes neuronales con multitud de capas, que es capaz de identificar patrones complejos en grandes volúmenes de da-

tos. Funciona como un equipo de detectives, donde cada capa analiza un nivel de detalle y pasa la información a la siguiente capa. Es muy eficaz en tareas como el reconocimiento de imágenes, la traducción automática o la comprensión de lenguaje.

⮑ **Aprendizaje por transferencia:** el aprendizaje por transferencia permite reutilizar un modelo ya entrenado en una tarea para aplicarlo a otra similar, ahorrando tiempo y recursos. Es como quien sabe piano y aprende guitarra más rápido gracias a los conocimientos previos. Así, la inteligencia artificial transfiere lo aprendido de un contexto a otro relacionado.

Algunas de las **principales actividades** que tradicionalmente han desarrollado las personas y que ya pueden ser desempeñadas por la inteligencia artificial de forma eficaz en un entorno profesional son:

⮑ **Reconocimiento de patrones:** la inteligencia artificial puede analizar grandes volúmenes de datos y detectar patrones complejos, algo esencial en tareas como:

   ⋃ Control de calidad en imágenes de productos defectuosos.
   ⋃ Transcripción de voz para analizar llamadas de atención al cliente.
   ⋃ Extracción de información clave en documentos mediante procesamiento de lenguaje natural.

⮑ **Aprendizaje y razonamiento:** los sistemas de inteligencia artificial pueden aprender de los datos para hacer predicciones o tomar decisiones informadas:

   ⋃ Predicción de demanda para optimizar inventarios.
   ⋃ Detección de tendencias de mercado para ajustar estrategias comerciales.
   ⋃ Segmentación de clientes según su comportamiento.

⮑ **Procesamiento de lenguaje natural (NLP):** gracias al procesamiento de lenguaje natural, la inteligencia artificial puede interactuar en lenguaje humano:

   ⋃ *Chatbots* y asistentes virtuales que atienden consultas de clientes o empleados.
   ⋃ Análisis de opiniones en redes sociales o encuestas.
   ⋃ Traducción automática y redacción de textos.

⮑ **Toma de decisiones:** la inteligencia artificial puede apoyar decisiones complejas al analizar múltiples variables y escenarios:

- ⟲ Diagnósticos médicos asistidos.
- ⟲ Gestión de riesgos financieros.
- ⟲ Planificación estratégica basada en datos de mercado.

⊃ **Automatización de tareas repetitivas:** la automatización con inteligencia artificial permite liberar recursos humanos para tareas de mayor valor añadido:

- ⟲ Clasificación de documentos.
- ⟲ Gestión de correos electrónicos.
- ⟲ Programación de horarios.
- ⟲ Control de procesos industriales.

⊃ **Creatividad y generación de contenido:** algunos modelos de inteligencia artificial tienen capacidad creativa y pueden generar contenidos originales:

- ⟲ Redacción de textos publicitarios o técnicos.
- ⟲ Diseño gráfico o generación de imágenes.
- ⟲ Creación de música o guiones de vídeo.
- ⟲ Elaboración de informes automatizados.

2.4. Tipos de inteligencia artificial

Para comprender mejor el funcionamiento y las aplicaciones de la inteligencia artificial, es útil clasificarla en distintos tipos, según lo que puede hacer y la manera en la que lo hace. Estas clasificaciones permiten diferenciar entre las tecnologías actuales y las que todavía están en fase experimental.

Una forma de habitual de categorizar la inteligencia artificial es según su **nivel de inteligencia.** En este enfoque, se distinguen tres tipos: **inteligencia artificial débil, inteligencia artificial general e inteligencia artificial superinteligente.** Cada una representa un grado distinto de sofisticación, abarcando desde sistemas que realizan tareas muy específicas hasta otros que, en teoría, podrían superar la inteligencia humana en distintos ámbitos.

Otra clasificación que se puede llevar a cabo es atendiendo a su **capacidad funcional,** es decir, la manera en la que procesa la información, si pudiera aprender de experiencias pasadas o si posee o podría desarrollar conciencia. Este modelo divide la inteligencia artificial en cuatro tipos: máquinas reactivas, memoria limitada, teoría de la mente y autoconciencia. Esta perspectiva ayuda a visualizar la evolución de la inteligencia artificial desde los sistemas actuales hasta los futuros que se puedan desarrollar. Los modelos de inteligencia artificial se pueden clasificar:

➲ **Según su capacidad:** podemos encontrar los siguientes:

- **IA débil o estrecha (narrow AI):** es la inteligencia artificial más común hoy en día. Está diseñada para realizar una tarea específica y no puede hacer nada fuera de su función programada. Algunos ejemplos prácticos son:

  - Siri o Alexa (responden a comandos de voz).
  - Sistemas de recomendación de Netflix o YouTube.
  - Inteligencia artificial en cámaras de seguridad que detectan movimiento.

- **IA general (*artificial general intelligence,* AGI):** es un modelo hipotético de inteligencia artificial con capacidad de razonar, aprender y resolver problemas de forma autónoma, similar a la mente humana. Puede aplicar su inteligencia a diferentes contextos. Un ejemplo práctico (aún no existe) podría ser una inteligencia artificial que pueda aprender a jugar al ajedrez, redactar ensayos, diseñar edificios y comprender emociones, todo con el mismo nivel de competencia que un ser humano.
- **IA superinteligente (*artificial superintelligence,* ASI):** también hipotética. Sería una inteligencia artificial que superara con creces la inteligencia humana en todos los aspectos: creatividad, toma de decisiones, habilidades sociales, etc. Un ejemplo teórico es un sistema que pueda liderar investigaciones científicas, planificar estrategias globales o crear tecnologías más allá de la comprensión humana.

➲ Según su **funcionalidad,** se distinguen:

- **Máquinas reactivas:** no tienen memoria ni aprenden de experiencias pasadas. Solo responden a situaciones actuales. Un ejemplo práctico es *Deep Blue,* el ajedrez de IBM que venció a Kaspárov, evaluaba jugadas en el momento sin aprender de partidas anteriores.
- **Memoria limitada:** pueden aprender del pasado a partir de datos recientes. Son el tipo más común hoy en día. Como ejemplo práctico son los coches autónomos que analizan los datos del tráfico, el comportamiento de otros vehículos y las señales para tomar decisiones.
- **Teoría de la mente (en desarrollo):** se refiere a una inteligencia artificial que pueda entender las emociones, las creencias, las intenciones y las relaciones humanas. Un ejemplo (no existe aún) podría ser un robot que entienda que una persona está molesta por el tono de voz y ajuste su comportamiento.

◑ Autoconciencia (futurista): este sería el nivel más avanzado: una inteligencia artificial con conciencia de sí misma y de su existencia. Un ejemplo teórico es una inteligencia artificial que sepa que es una máquina, que tenga deseos propios y tome decisiones independientes.

RECUERDA

La inteligencia artificial (IA) es un conjunto de tecnologías que permiten que las computadoras realicen una variedad de funciones avanzadas, incluida la capacidad de ver, comprender y traducir lenguaje hablado y escrito, analizar datos, hacer recomendaciones y mucho más.

- -

APLICACIÓN PRÁCTICA

Ane está en una empresa que quiere comenzar a implantar la inteligencia artificial en sus procesos, pero desconocen los distintos tipos de inteligencia artificial que existen. Le han pedido a Ane que les explique las diferencias entre todas ellas. La que creen que deben aplicar es la que tiene la capacidad de razonar, aprender y resolver los problemas de forma autónoma, similar a la mente humana.

¿Puedes indicarle a Ane a qué modelo de inteligencia artificial se están refiriendo y si está disponible actualmente?

Solución

Se refiere a la IA general *(artificial general intelligence*, AGI). Es un tipo hipotético de inteligencia artificial con capacidad de razonar, aprender y resolver problemas de forma autónoma, similar a la mente humana. Puede aplicar su inteligencia a diferentes contextos.

- -

2.5. Retos y desafíos de la inteligencia artificial

A pesar de sus grandes beneficios y su creciente incorporación en el ámbito empresarial, la inteligencia artificial plantea una serie de retos técnicos, éticos, organizativos y legales que no deben pasarse por alto. A medida que las empresas integran los sistemas de inteligencia artificial en sus procedimientos, surgen nuevas responsabilidades relacionadas con el uso correcto de los datos, la transparencia en los algoritmos, la seguridad de los sistemas y la protección de los derechos de las personas. Estos desafíos afectan a grandes, pequeñas y medianas empresas, que deben prepararse para gestionar los riesgos con la misma seriedad con la que abordan las oportunidades.

Entender estos retos no significa frenar la innovación, sino adoptar un enfoque consciente y estratégico en la implementación de tecnologías inteligentes. Las empresas y organizaciones que logren anticiparse y adaptarse a estos desafíos podrán aprovechar todo el potencial de la inteligencia artificial con mayor confianza y sostenibilidad. Algunos de los **retos** más importantes que deben afrontar las empresas al adoptar inteligencia artificial en sus procesos son:

- **Dependencia de datos de calidad:** la inteligencia artificial necesita grandes cantidades de datos precisos, completos y actualizados. Datos sesgados o de baja calidad pueden generar decisiones erróneas o discriminatorias.
- **Costes tecnológicos y barreras de entrada:** la implementación de la inteligencia artificial puede requerir de inversión en *software,* infraestructuras, formación y mantenimiento. Las *pymes* pueden encontrar dificultades para acceder a soluciones avanzadas sin apoyo técnico o financiero externo.
- **Falta de transparencia y explicabilidad:** algunos sistemas, especialmente los que utilizan el aprendizaje profundo, funcionan como una "caja negra". La falta de explicaciones puede afectar la confianza y dificultar el cumplimiento legal.
- **Riesgos de seguridad y privacidad:** el uso de la inteligencia artificial implica un tratamiento de datos sensibles que deben estar protegidos. Hay riesgos de filtraciones, accesos no autorizados o incumplimiento de normativas como el RGPD o la LOPDGDD.
- **Implicaciones éticas:** la inteligencia artificial puede generar decisiones injustas, reproducir sesgos o afectar negativamente a las personas si trabaja sin la supervisión humana. Las empresas deben asegurar un uso justo, equitativo y transparente de la tecnología.
- **Necesidad de mantenimiento y actualización:** los modelos de inteligencia artificial no son estáticos: deben ajustarse a cambios en los datos

o el entorno. No mantenerlos actualizados puede disminuir su efectividad o generar errores.

- **Regulación en evolución:** la legislación sobre la inteligencia artificial está cambiando (AI Act, DSA, LOPDGDD...). Las empresas y organizaciones deben mantenerse informadas y prepararse para cumplir nuevas obligaciones legales.
- **Falta de capacitación y resistencia al cambio:** la adopción de la inteligencia artificial requiere de nuevas competencias y un cambio cultural dentro de la empresa. Sin formación y comunicación, puede haber desconfianza o rechazo por parte del equipo.
- **Expectativas poco realistas:** se espera que la inteligencia artificial ofrezca resultados inmediatos, cuando en realidad necesita tiempo, adaptación y pruebas. No establecer expectativas realistas puede generar frustración y desaprovechamiento de su potencial.
- **Falta de medición del impacto:** muchas empresas no definen indicadores (KPI) para evaluar el rendimiento de la inteligencia artificial. Esto impide saber si la inversión ha sido rentable o si los resultados son sostenibles.

Superar estos desafíos permitirá a las *pymes* aprovechar al máximo el potencial de la inteligencia artificial, aumentar su eficiencia, generar su valor diferencial y posicionarse con ventaja en un mercado cada vez más digital y competitivo.

 VÍDEO

En el siguiente vídeo, se abordan los principales retos que plantea la inteligencia artificial, como el sesgo algorítmico, la pérdida de empleos y la necesidad de una regulación ética. Se trata de una mirada crítica y accesible sobre el impacto de la inteligencia artificial en la sociedad. Accede desde aquí para verlo.

https://redirectoronline.com/ifct1170102

3. Identificación de las aplicaciones de la inteligencia artificial, especialmente de la inteligencia aumentada

☞ HILO CONDUCTOR

María y Pedro están analizando las distintas aplicaciones disponibles de la inteligencia artificial y han descubierto la inteligencia artificial aumentada, una rama que no busca reemplazar a las personas, sino potenciar sus capacidades. Descubrirán que esta se aplica en áreas como la medicina, donde los profesionales toman mejores decisiones gracias al apoyo de sistemas que analizan grandes volúmenes de datos. También analizarán su uso en la educación, gracias a las plataformas que tienen la capacidad de adaptar los contenidos al ritmo de cada estudiante, y en el sector del diseño, en el que las herramientas inteligentes agilizan los procesos creativos sin perder el control de las personas.

Ante los desafíos cada vez más complejos y exigentes a los que se enfrentan las organizaciones y los individuos, la necesidad de tomar decisiones informadas y rápidas se ha convertido en una prioridad fundamental tanto en el ámbito personal como profesional. En este contexto, la inteligencia artificial ha evolucionado dejando de ser una opción tecnológica para convertirse en una herramienta estratégica esencial, ampliando las capacidades individuales y redefiniendo los límites de lo posible.

Más allá de automatizar procesos, la inteligencia artificial puede actuar como una extensión del pensamiento humano. Esta idea genera el concepto de inteligencia aumentada, que pone el foco en la colaboración entre las personas y las máquinas. En lugar de delegar completamente el control a los sistemas electrónicos, se busca **potenciar el juicio, la creatividad y la intuición humana** con el respaldo de análisis y datos procesados a gran escala.

Este enfoque ha abierto nuevas posibilidades en múltiples campos, desde el diagnóstico médico hasta la toma de decisiones empresariales. La inteligencia aumentada, además de mejorar la eficiencia, también fortalece el papel que las personas adquieren como protagonistas de un entorno digital cada vez más complejo.

3.1. ¿Qué significa aplicar la inteligencia artificial?

Aplicar la inteligencia artificial significa incorporar sistemas o tecnologías inteligentes en los procesos, servicios, productos o entornos empresariales para automatizar, optimizar o ampliar las capacidades humanas o computacionales. No se trata únicamente de usar *software* "avanzado", sino de integrar las herramientas que tengan la capacidad de aprender de los datos, adaptarse a los nuevos escenarios y tomar decisiones o sugerencias de forma autónoma o asistida.

La aplicación de la inteligencia artificial en las empresas y organizaciones debe abarcar todos los procesos y departamentos.

 **NOTA**

En la práctica, aplicar la inteligencia artificial puede ir desde algo tan simple como implementar un *chatbot* que responda a las preguntas frecuentes, hasta el desarrollo de modelos predictivos complejos que se anticipen a los fallos en una cadena de producción o a los comportamientos de mercado. Lo esencial es que el sistema no actúe de forma estática, sino que tenga la capacidad de adaptarse, mejorar o aportar valor a partir de la información que procesa.

Este tipo de aplicación requiere de una combinación de factores: acceso a datos relevantes, claridad en los objetivos, y una integración adecuada en los flujos de trabajo humanos. La clave del éxito no está únicamente en la tecnología, sino también en cómo se traduce en decisiones más ágiles, procesos más inteligentes y mejores resultados. En muchos casos, esto se logra mediante un enfoque de inteligencia aumentada, donde la inteligencia artificial actúa como un socio estratégico que amplía las capacidades humanas sin suplantarlas.

La inteligencia artificial se manifiesta de distintas formas según el sector en el que se implemente, y puede desarrollar desde tareas simples, como automatizar respuestas, hasta procesos complejos, como el análisis predictivo. A continuación, se presentan **distintos ejemplos** que ilustran cómo la inteligencia artificial, y la inteligencia aumentada, están siendo utilizadas para resolver problemas reales, optimizar recursos y apoyar la toma de decisiones humanas:

⮑ **Salud:**

- ◔ **Diagnóstico asistido por inteligencia artificial:** un radiólogo que analiza las imágenes médicas con la ayuda de un sistema de inteligencia artificial entrenado para detectar anomalías como tumores o fracturas. El sistema marca las áreas sospechosas, y el profesional toma la decisión final. Esto acelera el diagnóstico y reduce los errores humanos.
- ◔ **Predicción de enfermedades:** los sistemas de inteligencia artificial pueden identificar patrones en historiales clínicos para predecir riesgos de enfermedades, como diabetes o enfermedades cardíacas, permitiendo intervenciones preventivas.

⮑ **Educación:**

- ◔ **Plataformas adaptativas de aprendizaje:** aplicaciones educativas como Duolingo utilizan la inteligencia artificial para adaptar el contenido al ritmo de cada estudiante, detectando fortalezas y debilidades para reforzar su aprendizaje individual.
- ◔ **Evaluación automatizada:** los algoritmos analizan miles de respuestas abiertas en exámenes, identificando niveles de comprensión, errores comunes y áreas de mejora en tiempo real.

⮑ **Agricultura:**

- ◔ **Detección de plagas por visión artificial:** drones equipados con cámaras e inteligencia artificial detectan signos tempranos de enfermedades o plagas en los cultivos, lo que permite intervenciones rápidas y localizadas.
- ◔ **Optimización de riego:** sensores conectados a los sistemas inteligentes analizan el clima, el tipo de suelo y las necesidades de las plantas para activar el riego automático solo cuando es necesario, ahorrando agua y recursos.

⮑ **Finanzas:**

- ⮑ **Detección de fraude:** los algoritmos analizan millones de transacciones en busca de comportamientos inusuales o sospechosos que podrían indicar fraude financiero.
- ⮑ **Asesoramiento personalizado:** las plataformas de banca digital usan la inteligencia artificial para ofrecer recomendaciones de inversión personalizadas según el perfil y el comportamiento financiero del usuario.

⮑ **Industria y manufactura:**

- ⮑ **Mantenimiento predictivo:** sensores conectados a los sistemas de inteligencia artificial detectan vibraciones, temperaturas y otros factores en máquinas industriales. Si se identifican señales de desgaste, se programa una intervención antes de que ocurra una avería.
- ⮑ **Control de calidad automatizado:** cámaras con visión artificial inspeccionan los productos en una línea de producción para detectar defectos en tiempo real, mejorando la eficiencia y reduciendo los desperdicios.

⮑ *Marketing* **y comercio electrónico:**

- ⮑ **Recomendaciones personalizadas:** algunas tiendas *online* como Amazon aplican la inteligencia artificial para sugerir productos en función del historial de compras, de las búsquedas y del comportamiento de navegación del usuario.
- ⮑ **Análisis de sentimiento:** las herramientas de inteligencia artificial pueden analizar las reseñas de los productos o los comentarios en las redes sociales para identificar las opiniones positivas, negativas o neutras sobre una marca.

IMPORTANTE

Aplicar la inteligencia artificial implica convertir el conocimiento técnico y algorítmico en soluciones reales que impacten en los procesos concretos. Es aquí donde la inteligencia artificial demuestra su valor estratégico, ya sea aumentando la eficiencia operativa, mejorando la experiencia del usuario o abriendo nuevas posibilidades de negocio.

- -

La aplicación de la inteligencia aumentada no reemplaza la acción humana, sino que la potencia. Por ejemplo, en un entorno médico, la inteligencia artificial puede procesar grandes volúmenes de datos clínicos para sugerir diagnósticos, pero siempre bajo el criterio del profesional de salud. Aplicar la inteligencia artificial no es solo un reto técnico: también requiere una comprensión clara del problema a resolver teniendo en cuenta la calidad de los datos disponibles y la ética en la toma de decisiones asistida por los algoritmos.

3.2. Ámbitos principales de aplicación de la inteligencia artificial

La inteligencia artificial ha dejado de ser una tecnología reservada para la investigación avanzada y se ha convertido en una herramienta práctica y accesible en numerosos sectores. Su capacidad para procesar grandes volúmenes de datos, identificar patrones y generar respuestas inteligentes la ha posicionado como un recurso estratégico para organizaciones públicas, privadas y sociales.

En lugar de limitarse a tareas específicas, ha demostrado ser versátil y adaptable, lo que ha permitido su adopción en diversos ámbitos como la salud, la educación, la industria, el comercio, las finanzas y la agricultura. En muchos casos, la inteligencia aumentada (la colaboración entre personas y sistemas inteligentes) ha sido un elemento clave para mejorar los procesos, aumentar la eficiencia y tomar decisiones más informadas.

 PARA SABER MÁS

En el siguiente recurso podrás ver cómo la inteligencia artificial está presente en nuestra vida diaria gracias a los asistentes virtuales o en las recomendaciones personalizadas. Accede desde aquí.

https://redirectoronline.com/ifct1170103

Identificar todos estos ámbitos, además de ayudar a comprender el alcance de la inteligencia artificial, también ayuda a visualizar el potencial de transformación que tiene en ciertas áreas esenciales para el desarrollo económico, social y personal. Algunos de los campos donde la inteligencia artificial está teniendo un impacto significativo y en los que se espera un crecimiento acelerado en los próximos años son:

Salud

En medicina, la inteligencia artificial permite analizar imágenes médicas (radiografías, resonancias), detectar patrones en historiales clínicos y predecir enfermedades. La inteligencia aumentada se usa para asistir a los profesionales de la salud, ayudándolos a tomar decisiones diagnósticas y terapéuticas con mayor precisión, sin sustituir su criterio clínico.

Finanzas

Los bancos y aseguradoras aplican la inteligencia artificial para detectar fraudes, automatizar la aprobación de créditos y predecir riesgos financieros. La inteligencia artificial también se usa en asistentes virtuales bancarios que ayudan a los clientes a resolver sus dudas. En su forma aumentada, estas herramientas proporcionan un análisis para que analistas humanos tomen decisiones más informadas.

Educación

Las plataformas educativas utilizan la inteligencia artificial para personalizar el aprendizaje, identificar las dificultades de los estudiantes y proponer rutas de estudio adaptadas. La inteligencia aumentada en educación permite a los docentes monitorizar el progreso de sus alumnos, optimizar los materiales y tomar decisiones pedagógicas basadas en datos.

Industria y manufactura

En la industria, la inteligencia artificial se aplica al mantenimiento predictivo, el control de calidad, la robótica colaborativa y la optimización de la cadena de suministro. La inteligencia aumentada se manifiesta cuando los operarios reciben sugerencias en tiempo real para tomar mejores decisiones durante procesos complejos.

Comercio y *marketing*

Las empresas de comercio electrónico usan la inteligencia artificial para recomendar productos, analizar el comportamiento de compra y mejorar la segmentación de los clientes. En las campañas de *marketing,* los equipos pueden apoyarse en las herramientas de inteligencia artificial para analizar las audiencias, predecir los resultados y ajustar las estrategias de forma inteligente.

Organismos públicos

Los gobiernos aplican la inteligencia artificial para mejorar la atención ciudadana, automatizar los trámites y tomar decisiones basadas en datos. La inteligencia aumentada se utiliza para que los funcionarios analicen grandes volúmenes de información de manera más eficiente y con mayor base empírica.

 IMPORTANTE

La variedad de usos que se le pueden dar a la inteligencia artificial evidencia que no es una herramienta limitada, sino una tecnología versátil capaz de adaptarse a distintos contextos. Su verdadero valor reside en la automatización, y en su capacidad para ampliar las habilidades personales, actuando con mayor velocidad, exactitud y eficiencia.

3.3. Casos reales de uso de inteligencia artificial

Hablar de inteligencia artificial puede sonar abstracto, incluso lejano. Pero cuando se ve aplicada a los problemas cotidianos, desde detectar una enfermedad a tiempo hasta facilitar el aprendizaje de un niño, su verdadero valor se vuelve evidente. Detrás de cada modelo o algoritmo hay personas que, gracias al uso de esta tecnología, han encontrado una manera de hacer las cosas mejor, más rápidamente o con mayor empatía.

Los casos reales permiten convertir la inteligencia artificial en experiencias tangibles que muestran que no es necesario ser una gran empresa tecnológica para aplicar soluciones inteligentes, y que las pequeñas intervenciones pueden generar grandes impactos.

A continuación, se presentan distintos ejemplos reales acerca de cómo se está utilizando la inteligencia artificial en distintos sectores:

- **Salud – IBM Watson Health:** el sistema Watson for oncology de IBM se utiliza en los hospitales para analizar los historiales médicos y los estudios clínicos para ayudar a los médicos a detectar el cáncer de mama en etapas tempranas. A través del análisis de miles de documentos clínicos y datos de pacientes, la inteligencia artificial proporciona recomendaciones basadas en evidencias, lo que mejora la precisión diagnóstica y ahorra tiempo en la toma de decisiones.
- **Educación – Khan Academy:** Khan Academy implementó un tutor impulsado por inteligencia artificial (Khanmigo), basado en modelos de lenguaje como GPT-4, para ayudar a los estudiantes en tiempo real. Este tutor no solo responde preguntas, sino que también guía al estudiante con explicaciones paso a paso, adaptándose a su ritmo y nivel.
- **Agricultura – PepsiCo India:** PepsiCo India, en colaboración con Microsoft, implementó una solución basada en inteligencia artificial para predecir el rendimiento de los cultivos de patatas, insumo clave para sus productos. La inteligencia artificial analiza los datos meteorológicos, del suelo y de los cultivos para asesorar a los agricultores sobre el mejor momento para sembrar, regar y cosechar, aumentando la productividad y reduciendo los riesgos.
- **Comercio – Amazon:** Amazon utiliza algoritmos de inteligencia artificial para analizar el historial de navegación, las compras previas y las preferencias de cada usuario. Con base en estos datos, genera recomendaciones personalizadas que, además de mejorar la experiencia del cliente, también impulsan las ventas. Es una de las aplicaciones de inteligencia artificial más conocidas y efectivas del sector comercial.
- **Finanzas – BBVA:** BBVA implementó sistemas de inteligencia artificial para detectar patrones inusuales en tiempo real, alertando automáticamente sobre posibles fraudes con tarjetas o cuentas. Gracias a estas herramientas, el banco ha mejorado la seguridad de sus clientes sin necesidad de intervención manual constante.
- **Industria – Siemens:** en sus plantas industriales, Siemens utiliza la inteligencia artificial para monitorizar el estado de las máquinas críticas. Los sensores recogen los datos en tiempo real, que luego son analizados por algoritmos para predecir fallos antes de que ocurran. Esto evita costosos tiempos de inactividad y mejora la eficiencia operativa.

Los casos mostrados anteriormente demuestran que aplicar la inteligencia artificial a los procesos no significa eliminar la intervención humana, sino fortalecerla. La clave está en entender qué tareas pueden ser delegadas a una máquina y cuáles requieren juicio, experiencia o sensibilidad humana. En este equilibrio, la inteligencia aumentada se convierte en una herramienta poderosa en la toma de decisiones, en la eficiencia operativa y en la innovación.

 PARA SABER MÁS

En el siguiente artículo podrás ver ejemplos del uso de la inteligencia artificial para comprender su impacto en la sociedad. Accede desde aquí.

https://redirectoronline.com/ifct1170112

3.4. La inteligencia aumentada y su aplicación

La inteligencia aumentada es una rama de la inteligencia artificial enfocada en amplificar las capacidades personales en lugar de reemplazarlas. A diferencia de la inteligencia artificial tradicional, que muchas veces se orienta hacia la automatización total de las tareas, la inteligencia aumentada busca **crear sistemas colaborativos entre las personas y las máquinas** para mejorar la toma de decisiones, el análisis de la información, la creatividad o la eficiencia operativa.

 PARA SABER MÁS

En el siguiente recurso podrás descubrir qué es la inteligencia aumentada, cómo se diferencia de la inteligencia artificial tradicional y cómo potencia las capacidades personales en lugar de reemplazarlas. Accede desde aquí.

Continúa en página siguiente >>

<< Viene de página anterior

https://redirectoronline.com/ifct1170113

Este enfoque reconoce que las personas son esenciales para interpretar el contexto, ejercer el juicio ético, tomar decisiones complejas y ser creativas. Así, la inteligencia aumentada no reemplaza a las personas, sino que las complementa con herramientas tecnológicas que mejoran sus habilidades.

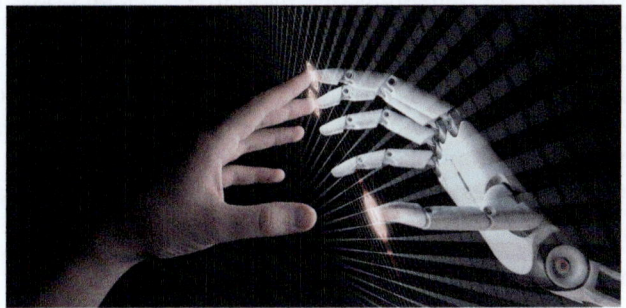

La IA+ busca que las personas y los equipos trabajen de manera conjunta, estableciendo que las personas sigan tomando las decisiones.

Aunque la inteligencia artificial tradicional (IA) y la inteligencia aumentada (IA+) comparten tecnologías como el aprendizaje automático, los algoritmos predictivos o el procesamiento de datos, su enfoque, propósito y los roles permitidos a las personas son fundamentalmente distintos.

 **RECUERDA**

La inteligencia artificial tradicional busca que las máquinas realicen las tareas sin la intervención de las personas, de forma autónoma. Su objetivo fundamental es automatizar los procesos.

Continúa en página siguiente >>

<< Viene de página anterior

La inteligencia aumentada, en cambio, se enfoca en mejorar las capacidades personales. El centro del proceso siguen siendo las personas, con apoyo tecnológico en la toma de decisiones, creación, análisis y resolución de problemas.

Algunos sectores en los que se utiliza la inteligencia artificial aumentada son:

- **Educación:** plataformas que analizan el progreso del estudiante y ofrecen recomendaciones personalizadas al docente para mejorar su enseñanza.
- **Salud:** sistemas que ayudan a los médicos con los diagnósticos basándose en el análisis de las imágenes médicas o los historiales clínicos.
- *Marketing:* herramientas que ayudan a redactar contenido, segmentar audiencias o predecir tendencias, pero que necesitan de revisión por parte de una persona.
- **Finanzas:** asistentes virtuales para el análisis de los riesgos o generación de informes financieros, facilitando el trabajo de los analistas.
- **Atención al cliente:** asistentes que sugieren respuestas o soluciones al personal en tiempo real, sin reemplazar la interacción humana.

 TAREA 1

Alejandro tiene que realizar un cuadro comparativo entre la inteligencia artificial (IA) y la inteligencia artificial aumentada (IA+), y debe tener en cuenta los siguientes aspectos: el objetivo principal, el que desarrollan las personas, su nivel de autonomía, el tipo de uso y el riesgo ético, acompañado todo ello de un ejemplo típico.

¿Puedes ayudar a Alejandro a realizar el cuadro indicado?

3.5. Claves para la implementación de la inteligencia aumentada

Incorporar la inteligencia aumentada en una organización va mucho más allá de incorporar estas nuevas tecnologías. Se trata de un proceso estratégico que exige una transformación cultural, el desarrollo de distintos programas de formación y una visión clara sobre el valor que se busca crear. No basta con tener acceso a las herramientas avanzadas: es necesario integrarlas de forma coherente con los objetivos del equipo y del negocio.

Para que esta transformación sea sostenible, es fundamental que las personas estén colocadas en el centro del proceso. La inteligencia aumentada debe presentarse como un aliado del talento humano, no como una amenaza. Esto implica **diseñar espacios de participación, escuchar sus inquietudes y construir una narrativa positiva en torno al cambio.** Solo así se logra una incorporación de la inteligencia artificial aumentada genuina y duradera.

EJEMPLO

Un sistema basado en inteligencia artificial puede analizar una gran cantidad de historiales clínicos en segundos y detectar patrones que una persona tardaría mucho tiempo en localizar. Pero la decisión final sobre el diagnóstico o tratamiento la toma un profesional médico. En este caso, la inteligencia aumentada actúa como una extensión de la mente del profesional, ayudándole a minimizar errores, a ampliar el acceso a la información relevante y a tomar decisiones con mayor solidez y fundamento.

Los elementos clave para una implementación efectiva son:

- **Identificar los procesos en los que el conocimiento de las personas es esencial:** no todos los procesos se pueden beneficiar de la inteligencia aumentada. Se deben priorizar aquellos en los que:
  - Hay un volumen alto de información, difícil de procesar manualmente.
  - La toma de decisiones requiere de contexto o interpretación.
  - La automatización completa sería arriesgada o poco deseable.
- **Elegir herramientas colaborativas, no sustitutivas:** las soluciones tecnológicas deben estar diseñadas para:
  - Interactuar con personas, no trabajar de forma autónoma.
  - Ser personalizables, adaptándose al contexto y al estilo de trabajo del usuario.
  - Tener interfaces accesibles y fáciles de entender por los equipos no técnicos.

- **Capacitar a los equipos para la colaboración persona-máquina:** el éxito depende de las personas. Por eso se requiere:

  - Formación técnica básica en el uso de las herramientas.
  - Desarrollo de habilidades blandas: pensamiento crítico, interpretación de resultados, ética digital.
  - Confianza en la tecnología, sin perder la responsabilidad sobre las decisiones finales.

- **Crear una cultura de mejora continua:** la inteligencia artificial aumentada no es una solución estática. Para sostener su impacto, se debe:

  - Recoger datos de uso y retroalimentación.
  - Ajustar constantemente modelos, reglas o flujos de trabajo.
  - Promover el aprendizaje organizacional a partir de la experiencia.

- **Garantizar la ética, la privacidad y la transparencia:** es esencial que los usuarios confíen en las recomendaciones que reciben. Para ello, se debe:

  - Explicar cómo y por qué una herramienta sugiere una acción.
  - Cumplir con las normativas de protección de datos.
  - Evitar sesgos automatizados, validando periódicamente los resultados de la inteligencia artificial.

 **RECUERDA**

Implementar la inteligencia artificial aumentada no se trata solo de usar tecnología avanzada, sino de diseñar una colaboración efectiva entre personas y sistemas inteligentes. Si se hace correctamente, esta sinergia ayuda a mejorar la productividad, la calidad del trabajo y la satisfacción del equipo y de los usuarios.

La inteligencia aumentada también se aplica en áreas como el **análisis financiero,** donde los analistas usan cuadros de mando inteligentes para anticiparse a los riesgos; en la atención al cliente, donde un agente recibe en tiempo real las sugerencias generadas por la inteligencia artificial para responder mejor; o en la formación, donde el docente puede acceder a los informes automatizados sobre el nivel de aprendizaje de cada estudiante, lo que le permite adaptar sus acciones formativas.

3.6. Aplicaciones destacadas de la inteligencia aumentada (IA+)

La inteligencia aumentada se ha consolidado como una herramienta estratégica en múltiples sectores gracias a su capacidad para potenciar las habilidades personales en lugar de sustituirlas. A diferencia de la inteligencia artificial tradicional, cuyo enfoque se suele centrar en la automatización total de tareas, la inteligencia aumentada busca complementar la toma de decisiones personales mediante el uso de sistemas inteligentes que analizan los datos, sugieren acciones y ofrecen perspectivas contextuales en tiempo real. Esta sinergia entre personas y equipos permite una mayor precisión, eficiencia y creatividad en múltiples entornos profesionales.

La inteligencia aumentada se ha convertido en una tecnología clave en la toma de decisiones estratégicas dentro de empresas y organismos públicos. Gracias a las herramientas de análisis predictivo, a los asistentes virtuales cognitivos y a las plataformas de visualización de datos aumentados se pueden interpretar grandes volúmenes de información en tiempo real, facilitando respuestas más rápidas y fundamentadas.

IMPORTANTE

El éxito de la inteligencia aumentada debe basarse en un diseño que combine las capacidades técnicas con el criterio personal, logrando soluciones útiles, confiables y éticamente responsables.

3.7. Ventajas y desafíos de aplicar la inteligencia artificial y la IA aumentada

La aplicación de la inteligencia artificial (IA) y la inteligencia aumentada (IA+) ha revolucionado múltiples sectores, desde la salud hasta el *marketing* digital. Estas tecnologías permiten automatizar algunos procesos, descubrir patrones ocultos en grandes volúmenes de datos y mejorar la toma de decisiones mediante sistemas inteligentes que aprenden y se adaptan con el tiempo. En el ámbito empresarial, su implementación puede traducirse en una mayor eficiencia operativa, en la reducción de errores debidos a las personas y en la caracterización a gran escala.

Sin embargo, aunque las ventajas son claras, también existen desafíos importantes que deben tenerse en cuenta. La integración de la inteligencia artificial requiere de inversiones en infraestructura, talento y una adecuada gestión del cambio organizacional. Además, la interpretación de los resultados generados por los modelos de inteligencia artificial puede ser compleja, lo que implica la necesidad de contar con perfiles capaces de comprender tanto los aspectos técnicos como los estratégicos del negocio.

Por su parte, la inteligencia aumentada se centra en potenciar las capacidades personales en lugar de reemplazarlas, lo cual representa una oportunidad única para fomentar la colaboración entre personas y equipos. Aun así, también plantea retos éticos y culturales, como la confianza en los sistemas automatizados y la reestructuración de algunos roles laborales. Evaluar cuidadosamente estas ventajas y desafíos es esencial para implantar la inteligencia artificial de manera responsable y sostenible.

Ventajas

Las ventajas de aplicar la inteligencia artificial (IA) y la inteligencia aumentada (IA+) son amplias y transformadoras. Una de las principales fortalezas de estas tecnologías es su capacidad para **procesar grandes volúmenes de datos en tiempo real,** permitiendo identificar patrones, tendencias y oportunidades que serían difíciles de detectar manualmente. Esto se traduce en la toma de decisiones más informadas, rápidas y precisas, lo que representa un valor estratégico en entornos altamente competitivos y cambiantes.

Entre las ventajas significativas de la inteligencia artificial (IA) y la inteligencia artificial aumentada (IA+) destacan:

- **Aumento de la eficiencia y reducción de errores:** los sistemas de inteligencia artificial pueden realizar tareas repetitivas y complejas con alta precisión, lo que permite optimizar los procesos, reducir los costes operativos y minimizar fallos humanos. Esto es particularmente útil en sectores como la industria, la salud y la logística.
- **Mejora en la toma de decisiones:** la inteligencia aumentada proporciona análisis avanzados, predicciones y sugerencias basadas en grandes volúmenes de datos. Esto permite a los profesionales tomar decisiones más informadas y rápidas, con menor margen de error.
- **Personalización de servicios y productos:** gracias a la capacidad de analizar los patrones individuales, la inteligencia artificial puede ofrecer experiencias personalizadas, como recomendaciones, rutas de aprendizaje adaptadas o atención al cliente ajustada al perfil del usuario.

- ⮑ **Acompañamiento humano en procesos esenciales:** en escenarios donde el juicio humano es irremplazable (como la medicina, el derecho o la gestión pública), la inteligencia aumentada actúa como un asistente experto, que apoya sin reemplazar al profesional.
- ⮑ **Innovación y ventaja competitiva:** la adopción temprana de la inteligencia artificial y de la inteligencia aumentada permite a las organizaciones explorar nuevas oportunidades de negocio, desarrollar productos más inteligentes y posicionarse en los mercados emergentes.

Desafíos

A pesar de los numerosos beneficios que ofrecen la inteligencia artificial (IA) y la inteligencia aumentada (IA+), su adopción también presenta una serie de desafíos que deben ser abordados con responsabilidad. Entre los principales obstáculos destacan:

- ⮑ **Sesgos en los algoritmos y decisiones automatizadas:** si los datos de entrenamiento contienen prejuicios, la inteligencia artificial puede reproducirlos o incluso amplificarlos. Esto puede afectar la equidad en ciertos procesos, como en la selección de personal, la cesión de créditos o en la atención sanitaria.
- ⮑ **Privacidad y seguridad de los datos:** la recopilación masiva de información plantea serios riesgos sobre el uso indebido de los datos personales. Es necesario garantizar un manejo responsable, transparente y conforme a las normativas de protección de datos.
- ⮑ **Falta de comprensión o resistencia al cambio:** muchas organizaciones se enfrentan a barreras culturales cuando se introducen los sistemas inteligentes. La desconfianza hacia las decisiones automáticas o el temor a ser reemplazado puede dificultar la implementación efectiva.
- ⮑ **Necesidad de talento especializado:** para desarrollar, adaptar o supervisar los sistemas de inteligencia artificial se requieren perfiles técnicos que no siempre están disponibles, lo que supone un obstáculo en las organizaciones pequeñas o en los países con un menor desarrollo tecnológico.
- ⮑ **Dilemas éticos y sociales:** desde el impacto sobre el empleo hasta la responsabilidad ante los errores cometidos por un sistema, la inteligencia artificial plantea interrogantes éticos que deben abordarse desde la fase de diseño hasta la implementación.

RECUERDA

Aplicar la inteligencia artificial y la IA aumentada ofrece grandes oportunidades, pero también exige un compromiso empresarial, preparación técnica y reflexión ética. La clave está en lograr un equilibrio en el que la tecnología no sustituya, sino que potencie lo mejor del talento personal, manteniendo el control y la transparencia como principios fundamentales.

4. Aplicación de la inteligencia aumentada a nuestra organización

☞ HILO CONDUCTOR

María y Pedro están reflexionando acerca de las implicaciones que tiene el uso de la inteligencia aumentada en una empresa. Ambos llegan a la conclusión de que el uso de la inteligencia artificial aumentada no trata de sustituir a las personas, sino fortalecer su trabajo incorporando herramientas tecnológicas que amplíen sus capacidades. Esto les permitirá tomar decisiones más informadas, automatizar tareas repetitivas y enfocarse en otras actividades estratégicas.

Al implementar la inteligencia artificial aumentada, las organizaciones y las personas que las integran pueden mejorar su productividad, reducir los errores y adaptarse con mayor rapidez a los cambios. Para María y Pedro, esto significa construir una cultura en la que las personas y los equipos colaboran, aprovechando lo mejor de ambos para alcanzar resultados más eficientes.

Aplicar la inteligencia aumentada en una organización implica utilizar tecnologías basadas en la inteligencia artificial no para reemplazar a las personas, sino para potenciar sus capacidades y apoyar la toma de decisiones, el análisis de datos y la mejora de procesos. Este enfoque coloca a las personas en el centro, con la tecnología actuando como un asistente inteligente que amplía su eficacia, reduce los errores y permite a las personas enfocarse en tareas con un mayor valor estratégico.

A diferencia de la automatización tradicional, limitada a ejecutar tareas repetitivas de forma automática, la inteligencia aumentada se orienta a fortalecer la colaboración entre las personas y los equipos. Por ejemplo, un analista financiero puede usar una herramienta de inteligencia artificial que le ofrezca estimaciones y alertas basadas en datos históricos, pero sigue siendo él el responsable de interpretar la información y tomar las decisiones clave. Esta interacción persona-equipo combina la intuición y el juicio humano con la capacidad de cálculo y análisis masivo que ofrecen los sistemas inteligentes.

Este tipo de aplicaciones tienen un gran valor organizacional porque mejoran la eficiencia sin deshumanizar los procesos. Esto puede traducirse en una mejor productividad, en la toma de decisiones más rápida y basada en datos, en la personalización del servicio de atención al cliente o la reducción de los errores operativos. Además, prepara a la empresa para los nuevos escenarios de transformación digital más profundos, sin romper de forma abrupta con las dinámicas existentes. Así, la inteligencia aumentada se ha convertido en un punto de entrada estratégico hacia una utilización más amplia de la inteligencia artificial dentro de la cultura organizacional.

4.1. Áreas de la organización donde puede aplicarse

La inteligencia aumentada (IA+) está diseñada para potenciar las capacidades personales en lugar de sustituirlas, lo que la hace especialmente adecuada para aquellas funciones en las que la experiencia, el análisis contextual y el criterio profesional son fundamentales. Su aplicación transversal permite mejorar la toma de decisiones, optimizar los procesos y facilitar la innovación en distintos niveles de una organización. A continuación, se detallan algunas de las principales áreas donde la inteligencia artificial aumentada puede generar un impacto significativo:

- ⮑ **Recursos humanos:** la inteligencia artificial aumentada optimiza el reclutamiento y la gestión del talento al analizar currículums, evaluar las habilidades blandas y sugerir candidatos ideales. También permite crear planes de capacitación personalizados, mejorando el desarrollo profesional y la retención de empleados.
- ⮑ **Finanzas y contabilidad:** la inteligencia artificial aumentada ayuda a los equipos financieros a automatizar los análisis contables, a detectar fraudes y a generar proyecciones precisas. Además, mejora la toma de decisiones mediante informes dinámicos que integran los datos históricos, las tendencias y las predicciones.
- ⮑ *Marketing* **y ventas:** la inteligencia artificial aumentada personaliza la experiencia del cliente mediante el análisis de sus comportamientos y

preferencias. Mejora la segmentación de las campañas, ajusta los mensajes en tiempo real y guía a los vendedores con recomendaciones basadas en datos y oportunidades de venta.

- **Operaciones y logística:** la inteligencia artificial aumentada mejora las operaciones al optimizar la planificación de los recursos, prever la demanda y detectar fallos antes de que ocurran. Integrada con sensores IoT, permite anticipar mantenimientos, reducir costes y asegurar la continuidad operativa.

- **Atención al cliente:** la inteligencia artificial aumentada asiste a los agentes de servicio con respuestas sugeridas, análisis del historial del cliente y detección de su nivel de satisfacción. Mejora la atención mediante *chatbots* avanzados que gestionan las consultas complejas y las escalan solo cuando es necesario.

- **Dirección estratégica y toma de decisiones:** en los niveles directivos, la inteligencia artificial aumentada proporciona *dashboards* inteligentes y análisis predictivos que permiten tomar decisiones estratégicas más rápidas y fundamentadas. Facilita la simulación de escenarios y la evaluación de riesgos, apoyando una gestión empresarial sostenible.

NOTA

Como ha quedado patente en los ejemplos anteriores, la inteligencia artificial aumentada no solo impacta en las áreas tecnológicas o analíticas, sino que puede integrarse en prácticamente todos los niveles y funciones empresariales, siempre que se complemente con el criterio personal y ayude en la mejora del rendimiento general.

4.2. Recomendaciones para implantar la inteligencia artificial aumentada

La implementación de la inteligencia artificial aumentada (IA+) no solo implica adoptar tecnologías avanzadas, sino también una transformación organizacional que debe gestionarse con visión estratégica. Algunas recomendaciones clave para garantizar una adopción exitosa, sostenible y alineada con los objetivos del negocio son:

- **Definir objetivos claros y medibles:** antes de introducir soluciones de inteligencia artificial aumentada (IA+), es esencial establecer de forma precisa los problemas que se quieren resolver o qué procesos se busca optimizar. Estos objetivos deben ser específicos, alcanzables y alineados con las prioridades estratégicas de la empresa. Además, deben definirse los indicadores que permitan evaluar el impacto de la tecnología una vez implementada.

- **Iniciar con proyectos piloto:** es recomendable comenzar con pruebas controladas en áreas clave o procesos específicos donde la inteligencia artificial aumentada (IA+) pueda generar beneficios visibles a corto plazo. Estos proyectos piloto permiten aprender, ajustar la tecnología a las necesidades reales del negocio y generar confianza dentro de la organización. Una vez validados los resultados, se puede escalar la solución progresivamente.

- **Invertir en capacitación y gestión del cambio:** uno de los factores más críticos para el éxito es el factor humano. Es fundamental formar a los equipos en el uso de estas nuevas herramientas, promover una cultura digital y trabajar en la aceptación del cambio. La inteligencia artificial aumentada debe percibirse como una aliada que potencia el trabajo, no como una amenaza a los puestos existentes.

- **Garantizar la calidad y ética de los datos:** dado que la inteligencia artificial aumentada (IA+) se basa en el análisis de grandes volúmenes de datos, es vital asegurar que la información sea precisa, actualizada y recopilada de forma ética. También se deben aplicar políticas de privacidad y transparencia en el uso de los algoritmos, para evitar sesgos y mantener la confianza de los clientes, usuarios y empleados.

- **Crear un equipo multidisciplinar:** la implementación de la inteligencia artificial aumentada requiere la colaboración de expertos en tecnología, analistas de datos, responsables de negocio y usuarios finales. Este enfoque multidisciplinar asegura que la solución es funcional, ética y alineada con las necesidades operativas y estratégicas de la empresa.

- **Evaluar y mejorar continuamente:** la adopción de la inteligencia artificial aumentada (IA+) no es un evento único, sino un proceso continuo de aprendizaje y mejora. Se deben establecer los mecanismos para monitorizar el rendimiento de las soluciones, recoger el *feedback* de los usuarios y adaptar los sistemas a medida que evolucionan las necesidades del entorno y del negocio.

Iniciar la implementación de la inteligencia artificial aumentada es una decisión estratégica, que permite a las organizaciones avanzar hacia la transformación digital de manera progresiva y centrada en las personas. Con un enfoque claro, mediante el uso de las herramientas adecuadas y de un equipo preparado, es posible mejorar la productividad, la calidad y la innovación sin perder de vista el valor humano en cada proceso.

 **VÍDEO**

En el siguiente vídeo se analiza el impacto que tiene la inteligencia artificial en los negocios. Accede desde aquí para verlo.

https://redirectoronline.com/ifct1170110

5. Aproximación a la robótica

 **HILO CONDUCTOR**

Una vez que han analizado la inteligencia artificial y la inteligencia artificial aumentada, María y Pedro quieren entender qué es la robótica. A lo largo de este punto descubrirán que se trata de una disciplina que combina la mecánica, la electrónica y la inteligencia artificial para diseñar y construir máquinas capaces de realizar tareas de forma autónoma o asistida.

Esta aproximación provocará que descubran que la robótica, además de estar presente en las grandes fábricas o laboratorios, también forma parte de la vida cotidiana y que, al unirla a la inteligencia artificial, abre nuevas posibilidades en sectores como la salud, la educación, la logística o el hogar.

La robótica es una disciplina que combina ingeniería, inteligencia artificial y automatización para diseñar, construir y programar máquinas capaces de realizar tareas de manera autónoma o asistida. En los últimos años, la robótica ha dejado de ser un elemento exclusivo de laboratorios o fábricas avanzadas y ha comenzado a integrarse en distintos sectores, desde la medicina y la agricultura hasta la educación, pasando por el comercio minorista. Esta expansión se ha debido a los avances en los sensores, la conectividad y los algoritmos de aprendizaje automático, que permiten a los robots adaptarse a los entornos cambiantes.

Desde una perspectiva organizacional, la robótica, además de implicar la automatización de los procesos físicos, también abarca la posibilidad de trabajar en sinergia con las personas. En este contexto, los robots colaborativos, también llamados **cobots,** representan una evolución clave: están diseñados para interactuar de forma segura con las personas, compartiendo espacios de trabajo y apoyándolas en las tareas repetitivas, peligrosas o que requieren de gran precisión. Esto, además de mejorar la eficiencia, también protege la salud laboral y reduce los posibles errores en las actividades críticas.

A medida que la inteligencia artificial aumentada se incorpora a los sistemas robóticos, el potencial de estas tecnologías aumenta exponencialmente. Robots que aprenden de su entorno, que se adaptan a los usuarios y que pueden tomar decisiones en tiempo real ya son una realidad en algunos sectores. Esta convergencia entre robótica e inteligencia artificial abre la puerta a una nueva era de automatización inteligente, donde el trabajo personal no desaparece, sino que se transforma y se amplifica mediante la colaboración con los sistemas autónomos.

 **RECUERDA**

La robótica es una disciplina estrechamente relacionada con la inteligencia artificial, especialmente en aquellas aplicaciones donde se requiere que una máquina no solo "piense", sino que también perciba, actúe y se adapte a su entorno físico.

5.1. Definición de robótica y su vínculo con la inteligencia artificial

La robótica es una rama de la ingeniería y la computación que se encarga del diseño, construcción, programación y operación de los robots. Un robot, en términos generales, es una máquina capaz de ejecutar tareas físicas de forma automática, siguiendo instrucciones programadas o respondiendo a ciertos estímulos del entorno. A diferencia de otros sistemas automatizados, los robots están diseñados para interactuar con el mundo físico mediante sensores y actuadores y, en muchos casos, pueden tomar decisiones de manera autónoma.

Con la incorporación de la inteligencia artificial, la robótica ha dado un salto cualitativo hacia lo que se conoce como robótica inteligente. Esta integración permite que los robots no solo sigan órdenes preestablecidas, sino que también aprendan de la experiencia, se adapten a los entornos cambiantes y resuelvan problemas complejos. La inteligencia artificial permite dotar a los robots de capacidades como el reconocimiento de imágenes, la navegación autónoma, el procesamiento del lenguaje natural y la toma de decisiones basada en los datos en tiempo real.

La robótica industrial es la más conocida y la que más cambios está sufriendo debido a la incorporación de la inteligencia artificial a los procesos.

En este sentido, la diferencia entre la robótica tradicional y la robótica con inteligencia artificial radica en el nivel de autonomía e inteligencia. Mientras que un robot tradicional repite secuencias mecánicamente sin variaciones, un robot con inteligencia artificial puede analizar su entorno, detectar cambios y adaptar su comportamiento. Esto ha abierto nuevas posibilidades en sectores como la logística, la medicina, la agricultura y la atención al cliente, donde la interacción con las personas o en los entornos dinámicos requiere de cierta flexibilidad y aprendizaje continuo.

Así, la robótica y la inteligencia artificial no son disciplinas aisladas, sino complementarias. La robótica proporciona el cuerpo *(hardware)* y la capacidad de interactuar físicamente, mientras que la inteligencia artificial actúa como el cerebro, procesando la información y tomando decisiones inteligentes. Esta convergencia es clave para el desarrollo de sistemas avanzados que forman parte de nuestro entorno cotidiano y productivo.

 **VÍDEO**

En el siguiente vídeo podrás ver una introducción clara a los fundamentos de la robótica, ideal para comprenderla.

https://redirectoronline.com/ifct1170104

5.2. Componentes esenciales de un sistema robótico

Un sistema robótico está compuesto por varios elementos interrelacionados que le permiten percibir su entorno, procesar la información, tomar sus decisiones y ejecutar las acciones físicas correspondientes. Estos componentes trabajan de forma coordinada para que el robot pueda desempeñar tareas de manera autónoma o asistida. Los principales elementos que conforman la estructura funcional de un sistema robótico son:

- **Unidad mecánica o estructura física:** es el cuerpo del robot, formado por elementos como los brazos, las ruedas, las articulaciones, los actuadores y otros mecanismos que le permiten moverse e interactuar con su entorno. La estructura puede ser fija o móvil, rígida o flexible, dependiendo de la función del robot. Este componente determina las capacidades físicas del sistema, como alcance, fuerza, velocidad o medio de locomoción.
- **Sensores:** los sensores permiten al robot obtener información del entorno y de su propio estado interno. Pueden incluir cámaras, micrófonos, sensores de proximidad, de temperatura, de presión, de posición o de fuerza, entre otros. Estos datos son fundamentales para que el sistema robótico perciba lo que sucede a su alrededor y ajuste su comportamiento en consecuencia. Entre los más habituales se encuentran:

  - **Sensores de proximidad o ultrasonido:** para evitar obstáculos.
  - **Cámaras o sensores de visión artificial:** para identificar objetos, personas o espacios.

  - **Micrófonos:** para recibir comandos de voz o detectar sonidos.
  - **Sensores de temperatura, presión o humedad:** usados en medios industriales o agrícolas.
  - ***Encoders* o sensores de posición:** para conocer la ubicación exacta de partes móviles del robot.

- **Sistema de control:** es el "cerebro" del robot, encargado de procesar la información recibida por los sensores y coordinar las acciones del sistema en función de su programación y objetivos. Este control puede estar basado en algoritmos simples o en modelos avanzados de inteligencia artificial, dependiendo del grado de autonomía y complejidad del robot. Aquí se integran la lógica de decisión y la planificación de tareas.
- **Actuadores:** los actuadores convierten las señales eléctricas del sistema de control en movimiento físico. Pueden ser motores eléctricos, servomotores, cilindros hidráulicos o neumáticos, entre otros. Son los responsables de accionar las partes móviles del robot, como brazos, ruedas o pinzas, permitiendo la ejecución de tareas físicas. Los actuadores más habituales son:

  - **Motores eléctricos:** para mover ruedas, brazos o extremidades.
  - **Servomotores:** que ofrecen precisión en el movimiento, muy usados en robótica educativa y médica.
  - **Bombas o pistones neumáticos o hidráulicos:** en robots industriales que requieren fuerza o velocidad.
  - **Elementos de agarre (pinzas, ventosas):** para manipular los objetos.

- **Fuente de energía:** todo sistema robótico necesita una fuente de energía para funcionar. Esta puede ser eléctrica (baterías, alimentación por cable), solar, neumática o hidráulica. La elección depende del tipo de robot, su tamaño, su movilidad y la autonomía deseada.
- **Interfaz de comunicación:** la interfaz de comunicación permite al robot interactuar con usuarios humanos, otros robots o sistemas informáticos externos. Puede incluir pantallas, altavoces, conexiones wifi, *bluetooth,* puertos USB o protocolos de red. Una interfaz eficaz es clave en aplicaciones donde la colaboración humano-robot es fundamental. Las más habituales son:

  - **Conexiones *bluetooth,* wifi o 5G,** para recibir órdenes o enviar datos.
  - **Interfaces de usuario-robot (HRI),** como pantallas, luces o asistentes de voz.
  - **Protocolos de comunicación** con otras máquinas o plataformas.

Cada uno de los componentes anteriores es un elemento crucial para el funcionamiento integral de un robot. La combinación adecuada de estos elementos, junto con un diseño orientado al desarrollo de las tareas específicas, permite construir sistemas robóticos eficientes, adaptables y preparados para operar en entornos diversos, desde fábricas automatizadas hasta hogares inteligentes o escenarios médicos de alta precisión.

 ## ACTIVIDAD COMPLEMENTARIA

1. Realiza un mapa conceptual que relacione los sensores, actuadores, la unidad de control y el sistema de comunicación que se integran en un robot.

5.3. Tipos de robots y sus aplicaciones actuales

La robótica moderna ha dado lugar a una gran variedad de robots, cada uno diseñado para responder a unas necesidades específicas según el entorno, la tarea y el grado de autonomía requerido. Estos robots pueden clasificarse de diversas maneras, pero una de las más comunes es según su función y aplicación práctica. A continuación, se describen los tipos más representativos y sus usos actuales en distintos sectores.

Robots industriales

Son los más extendidos y se utilizan principalmente en procesos de fabricación y ensamblaje. Incluyen brazos robóticos que realizan tareas repetitivas, como soldar, pintar, empaquetar o manipular materiales pesados. Son habituales en las industrias automotrices, electrónicas, farmacéuticas y alimentarias. Se caracterizan por su alta precisión, su velocidad y la capacidad de trabajar sin descanso en entornos controlados.

Robots móviles autónomos (AMR)

Estos robots pueden desplazarse por su entorno sin intervención humana directa, gracias a sensores, mapas digitales y algoritmos de navegación. Se utilizan en almacenes para el transporte de mercancías, en los hospitales para entregar medicamentos o en las labores de exploración en terrenos peligrosos. Algunos modelos también se usan para la recolección de datos en la agricultura de precisión.

Robots de servicio

Diseñados para interactuar con las personas y ofrecerles asistencia en tareas cotidianas, estos robots se están volviendo cada vez más comunes en hogares, hoteles, aeropuertos y centros comerciales. Incluyen robots de limpieza (como aspiradoras inteligentes), robots recepcionistas o asistentes personales que responden a comandos de voz, programan las actividades y proporcionan información útil.

Robots médicos

En el ámbito de la salud, los robots están revolucionando tanto la cirugía como la atención al paciente. Existen robots quirúrgicos de alta precisión (Da Vinci), sistemas de rehabilitación asistida y plataformas robóticas que ayudan a las personas con movilidad reducida. También se utilizan para la desinfección hospitalaria y para la entrega de suministros en zonas de aislamiento.

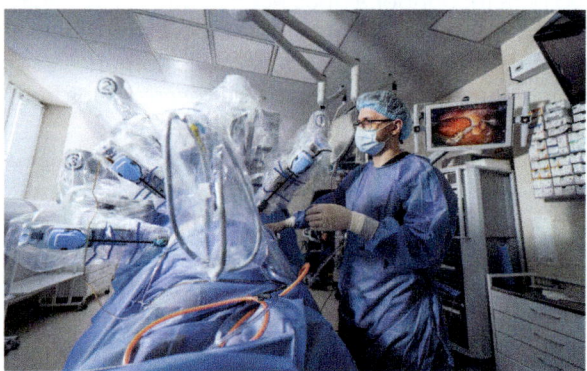

Cirugía innovadora y la asistencia sanitaria robótica. Terapia operativa y tecnología moderna.

Robots educativos

Estos robots están diseñados para apoyar los procesos de enseñanza y aprendizaje. Se utilizan en escuelas y universidades para enseñar programación, matemáticas, pensamiento lógico o robótica. Favorecen un aprendizaje activo y colaborativo, adaptado a los distintos niveles de edad y conocimiento.

Robots exploradores y espaciales

Son robots diseñados para operar en entornos extremos o inaccesibles para los seres humanos, como el fondo del mar, zonas volcánicas o el espacio. Ejemplos emblemáticos son los *rovers* de Marte, como *Perseverance*, que realizan análisis geológicos y recopilan datos científicos en planetas remotos.

Robots colaborativos *(cobots)*

Estos robots están diseñados para trabajar junto con las personas, compartiendo el mismo espacio de trabajo de forma segura. Se utilizan en líneas de producción, laboratorios y ensamblajes personalizados donde se requiere de la precisión humana con el apoyo automatizado. Su flexibilidad y facilidad de programación los hace ideales para *pymes*.

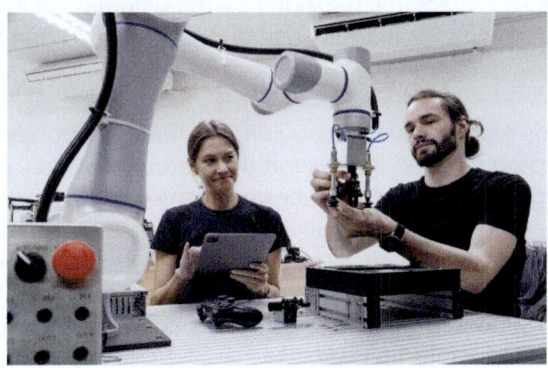

Máquina de brazo robótico de control

 **NOTA**

Cada tipo de robot representa una respuesta tecnológica a un reto específico, y su aplicación está en constante expansión gracias al avance de la inteligencia artificial, el aprendizaje automático y la miniaturización de componentes. El desarrollo de estos sistemas está redefiniendo sectores enteros y abriendo nuevas posibilidades para mejorar la productividad, la seguridad y la calidad de vida, lo que provoca un cambio profundo en el papel que desarrollan dentro de la sociedad, abriendo nuevas oportunidades en prácticamente todos los sectores productivos y de servicios.

5.4. Desafíos y oportunidades de la robótica con inteligencia artificial

La integración de la inteligencia artificial (IA) en los sistemas robóticos ha abierto un campo de innovación sin precedentes, permitiendo el desarrollo de robots con mayor autonomía, adaptables e inteligentes. Esta convergencia amplía enormemente las aplicaciones de la robótica, pero plantea una serie de desafíos técnicos, éticos y sociales que deben abordarse con responsabilidad.

Uno de los principales retos es la **complejidad técnica.** Dotar a un robot de capacidades cognitivas requiere de una combinación precisa de sensores, algoritmos de percepción, toma de decisiones en tiempo real y control de movimiento. Además, los entornos no estructurados, como los espacios públicos, hogares o escenarios impredecibles, presentan un alto grado de incertidumbre que pone a prueba la capacidad de adaptación de los robots inteligentes. Otro desafío importante es la **ciberseguridad:** a medida que los robots se conectan a las redes y a los sistemas de información, se vuelven vulnerables a los ataques o manipulaciones, lo que puede comprometer su funcionamiento y la privacidad de los datos que gestionan.

Desde una perspectiva social, surgen preocupaciones sobre el **impacto en el empleo** y la transformación del mercado laboral. Aunque la robótica con inteligencia artificial no necesariamente sustituye a los trabajadores humanos, sí modifica los perfiles profesionales demandados y exige nuevas competencias. Asimismo, se plantean dilemas éticos sobre la **toma de decisiones autónomas,** especialmente en ciertas áreas sensibles como la medicina, la seguridad o la justicia, donde las decisiones automatizadas pueden tener consecuencias críticas.

 **PARA SABER MÁS**

Puedes acceder desde aquí al siguiente estudio de la Universidad Pontificia de Comillas sobre el vertiginoso crecimiento de la inteligencia artificial, impulsada por los avances en computación, la mayor disponibilidad de datos, el *deep learning* y sus aplicaciones en sectores como salud, finanzas y transporte.

Continúa en página siguiente >>

<< Viene de página anterior

https://redirectoronline.com/ifct1170105

A pesar de estos desafíos, las oportunidades que ofrece la robótica que utiliza la inteligencia artificial son enormes. Una de las más importantes es la posibilidad de **automatizar tareas complejas** que antes solo podían ser realizadas por personas, lo que aumenta la eficiencia y reduce los riesgos en sectores como la construcción, la minería, la logística o la atención médica. También permite una **personalización avanzada** en algunos servicios, gracias a los robots capaces de aprender de sus interacciones y adaptarse al usuario, como sucede en la educación, la rehabilitación o el turismo.

En el ámbito empresarial, la robótica, junto con la inteligencia artificial, impulsa la **innovación de los productos y servicios,** permitiendo el desarrollo de soluciones más ágiles, sostenibles y centradas en el cliente. Además, en contextos específicos, como el cambio climático o la exploración espacial, estos sistemas ofrecen herramientas clave para abordar estos desafíos globales mediante el reconocimiento, la monitorización ambiental o la exploración de nuevos territorios.

IMPORTANTE

La robótica que integra la inteligencia artificial representa un eje de transformación profunda en la manera en la que se trabaja, se produce y se vive. Un desarrollo responsable y ético es fundamental para aprovechar su potencial, minimizar los riesgos y garantizar que contribuye al bienestar colectivo y a un futuro más colaborativo.

5.5. Casos reales de integración de robótica con inteligencia artificial

El avance de la robótica con inteligencia artificial (IA) es una realidad presente en múltiples sectores productivos, sociales y científicos. Diversos casos de éxito demuestran cómo estas tecnologías están revolucionando las industrias y mejorando la calidad de vida en distintos contextos. Al mismo tiempo, surgen tendencias emergentes que marcan el camino hacia nuevas formas de interacción entre humanos y robots.

Entre los casos reales de aplicación destacan los siguientes:

Pepper
- Robot humanoide desarrollado por *SoftBank*, capaz de identificar emociones humanas y responder en lenguaje natural. Se ha utilizado en bancos, hospitales y escuelas.

Robear
- Robot asistente japonés diseñado para levantar pacientes con movilidad reducida de forma segura y sin contacto brusco.

Amazon Robotics
- Sistema de robots autónomos que se encargan del movimiento de estanterías completas dentro de los centros de distribución de Amazon.

NAO
- Robot humanoide ampliamente utilizado en escuelas y universidades para enseñar programación, lenguaje, matemáticas o habilidades sociales a estudiantes con autismo.

 **VÍDEO**

En los siguientes vídeos puedes ver a *Pepper*, el robot social, interactuando en una aplicación real de atención al cliente, mostrando sus capacidades emocionales y comunicativas, y cómo *Amazon Robotics* utiliza robots móviles

Continúa en página siguiente >>

<< Viene de página anterior

autónomos para automatizar sus almacenes, optimizando tiempos y eficiencia en la logística. Accede desde aquí para verlos.

https://redirectoronline.com/ifct1170106

https://redirectoronline.com/ifct1170107

5.6. Tendencias emergentes en robótica con inteligencia artificial

Las tendencias emergentes que integran la robótica y la inteligencia artificial reflejan una evolución acelerada hacia sistemas cada vez más autónomos, más colaborativos y adaptables. A medida que la tecnología avanza, los robots, además de volverse más eficientes en la ejecución de las tareas, también aumentan su capacidad de interactuar con las personas de forma natural y empática. Estas nuevas corrientes apuntan a una robótica centrada en las personas, con aplicaciones cada vez más extendidas en la vida cotidiana, el trabajo y los servicios, marcando el rumbo hacia una integración profunda entre el mundo físico y el digital.

Una tendencia clave es el desarrollo de **robots sociales** con capacidad de interpretar las emociones humanas y responder de forma empática. Estos sistemas están siendo explorados en contextos de atención a personas mayores, terapias psicológicas o asistencia a personas con discapacidad. También se observa una rápida expansión de los **robots colaborativos** *(cobots)* en las pequeñas y medianas empresas, debido a su bajo coste, flexibilidad y facilidad de programación.

Otra tendencia en crecimiento es la **robótica blanda** *(soft robotics),* que utiliza materiales flexibles inspirados en la biología para construir robots más seguros, adaptables y aptos para interactuar con personas o manipular objetos frágiles. Además, la combinación de la inteligencia artificial generativa y la robótica está permitiendo que los robots no solo reaccionen, sino que generen soluciones, rutas o estrategias a partir de objetivos generales, aumentando su nivel de autonomía.

Gracias al uso y avance de las redes 5G, **la robótica en la nube** *(cloud robotics)* permite aumentar la capacidad de procesamiento, de aprendizaje colectivo y realizar actualizaciones en tiempo real, lo que reducirá los costes de estos equipos y aumentará su rendimiento. Estas innovaciones, junto con unos marcos éticos y normativos cada vez más necesarios, provocarán la aparición de una nueva generación de sistemas robóticos más inteligentes, colaborativos y seguros.

 PARA SABER MÁS

En el siguiente recurso podrás conocer las principales tendencias en robótica para el 2025, incluyendo los robots colaborativos, la inteligencia artificial integrada, la sostenibilidad y los nuevos modelos de negocio, como el *Robot-as-a-Service*. Accede desde aquí.

https://redirectoronline.com/ifct1170108

6. Identificación de las tecnologías que soportan el uso de la inteligencia artificial

☞ HILO CONDUCTOR

María y Pedro quieren investigar las tecnologías que hacen posible el desarrollo y uso de la inteligencia artificial. Descubrirán que detrás de cada aplicación hay una base técnica sólida. Ambos identificarán que algunos de los elementos fundamentales para el correcto funcionamiento de la inteligencia artificial son el *big data*, que permite recopilar y procesar grandes volúmenes de información; la computación en la nube, que ofrece el poder de procesamiento necesario; y los algoritmos de *machine learning*, que permiten que las máquinas aprendan a partir de los datos recogidos.

Conocer estas tecnologías les permitirá entender que la inteligencia artificial no actúa sola, sino que depende de una infraestructura compleja para hacerla posible.

La inteligencia artificial se apoya en un conjunto de tecnologías fundamentales que hacen posible su funcionamiento y evolución. Estas tecnologías, además de permitir el procesamiento de grandes volúmenes de datos, también proporcionan la infraestructura, los modelos y los entornos necesarios para que los sistemas inteligentes aprendan, tomen decisiones y actúen en contextos diversos. Comprender estas bases es clave para dimensionar el alcance real de la inteligencia artificial en la práctica.

A lo largo del tiempo, el avance de la inteligencia artificial ha ido de la mano con innovaciones en campos como la computación en la nube, el almacenamiento masivo de datos, los algoritmos de aprendizaje automático y los dispositivos conectados. Cada uno de estos elementos cumple una función específica en la cadena de valor de la inteligencia artificial, ya sea facilitando el entrenamiento de modelos, analizando la información en tiempo real o interactuando con el entorno.

Analizar las principales tecnologías que hacen posible el desarrollo y la aplicación de la inteligencia artificial en diferentes sectores permitirá tener una visión más clara del ecosistema tecnológico que sostiene esta revolución digital y entender cómo estas herramientas se integran en soluciones concretas para empresas, instituciones y usuarios.

Para que la inteligencia artificial funcione de manera adecuada es necesario un ecosistema tecnológico del que no todas las empresas pueden disponer.

6.1. Infraestructura computacional

El avance de la inteligencia artificial no sería posible sin una base tecnológica que le diera soporte. Aunque habitualmente solo se piensa en los algoritmos y en las aplicaciones, que son los elementos con los que se interactúa, detrás de cada sistema inteligente existe una infraestructura computacional que permite procesar datos masivos, ejecutar modelos complejos y generar respuestas en tiempo real.

 IMPORTANTE

La infraestructura es un pilar esencial de todo proyecto de inteligencia artificial.

A medida que los modelos se vuelven más sofisticados y aumentan los volúmenes de datos, también lo hacen las exigencias sobre los recursos técnicos. Ya no basta con un equipo potente: se necesitan unidades de procesamiento especializadas, redes de alta velocidad, almacenamiento seguro y plataformas de desarrollo con capacidad de escalada. Esta combinación de componentes es la que convierte una idea en una solución funcional.

Entender cómo se estructura y las necesidades que tiene una infraestructura de soporte para la inteligencia artificial es un aspecto clave para planificar implementaciones sostenibles, seguras y eficientes.

6.2. Componentes esenciales de una infraestructura de inteligencia artificial

La eficiencia, la velocidad y la precisión de una solución de inteligencia artificial dependen directamente de los recursos técnicos que la respaldan. Desde el tipo de procesador que se utiliza hasta la forma en la que se almacenan y transportan los datos, cada componente influye en el rendimiento general del sistema. Por eso, entender estos elementos es una tarea del departamento técnico y de las personas que toman decisiones estratégicas.

Los principales componentes que conforman una infraestructura de inteligencia artificial son:

⊃ **Unidades de procesamiento: CPU, GPU y TPU:** el poder de cómputo es la base de cualquier sistema de inteligencia artificial. Las CPU (unidades centrales de procesamiento) son adecuadas para tareas generales, pero cuando se trata de entrenar modelos de aprendizaje profundo, las GPU (unidades de procesamiento gráfico) ofrecen un rendimiento mucho mayor gracias a su capacidad de realizar cálculos en paralelo. Algunas empresas utilizan también TPU *(tensor processing units),* desarrolladas específicamente para operaciones de redes neuronales, lo que mejora aún más la velocidad en tareas intensivas.

⊃ **Almacenamiento masivo de datos:** los sistemas de inteligencia artificial trabajan con grandes volúmenes de datos, tanto estructurados (tablas, bases de datos) como no estructurados (imágenes, audio, texto). Por eso, es necesario contar con soluciones de almacenamiento que sean escalables, rápidas y seguras. Esto puede lograrse mediante el uso de servidores locales, el almacenamiento en la nube o las combinaciones híbridas, según los requisitos del proyecto.

⊃ **Redes y conectividad:** la transferencia de datos entre sensores, usuarios, centros de datos y aplicaciones requiere redes de alta velocidad. En sectores como la salud o la industria, donde se necesita actuar en tiempo real, contar con una infraestructura de red estable y de baja latencia es fundamental. Tecnologías como el 5G y las redes privadas están facilitando el despliegue de la inteligencia artificial en entornos donde antes no era viable.

⊃ **Soluciones en la nube vs. infraestructura local:** una decisión clave es si se ejecutarán los modelos de inteligencia artificial en servidores propios *(on-premise)* o en plataformas en la nube *(cloud computing).* La nube ofrece ventajas como escalabilidad inmediata, acceso a herramientas preconfiguradas y menor inversión inicial. Servicios como AWS *(Amazon web services), Google Cloud AI* o *Microsoft Azure* ofrecen paquetes completos para entrenar, probar y desplegar modelos con solo unos clics.

⊃ **Entornos y marcos de desarrollo:** sobre la infraestructura física se ejecutan herramientas como *TensorFlow, PyTorch, Keras* o *Scikit-learn*, que permiten construir modelos desde cero o utilizar modelos preentrenados. Estas herramientas están optimizadas para funcionar sobre GPU y TPU, y muchas de ellas se integran fácilmente con las plataformas en la nube.

Todos estos elementos trabajan conjuntamente para que los modelos puedan entrenarse, escalarse y aplicarse de manera efectiva en diferentes contextos. Conocerlos es fundamental para planificar los proyectos basados en la inteligencia artificial y conseguir que sean viables, sostenibles y alineados con los objetivos de la organización.

6.3. Nuevas tendencias en las infraestructuras para la inteligencia artificial

Con la evolución de la inteligencia artificial, la infraestructura tecnológica que la soporta está evolucionando rápidamente, impulsada por la demanda de sistemas más rápidos, más sostenibles, más escalables y más accesibles. Las **nuevas tendencias,** además de tratar de mejorar el rendimiento de los modelos, también buscan adaptarse a los distintos entornos de uso y **minimizar el impacto ambiental** del cómputo intensivo. Algunas de las principales transformaciones que están marcando el rumbo de las infraestructuras para la inteligencia artificial son:

⊃ *Edge AI:* **procesamiento en el dispositivo:** el *Edge AI* (IA en el borde) traslada parte del procesamiento desde la nube hacia los dispositivos locales, como teléfonos móviles, sensores industriales, cámaras o vehículos inteligentes. Esto reduce la latencia, mejora la privacidad y permite el funcionamiento sin conexión constante a internet.

⊃ **IA como servicio (AIaaS):** la inteligencia artificial como servicio permite a las empresas acceder a los modelos de inteligencia artificial, a la infraestructura y a las herramientas listas para usar, sin tener que construir nada desde cero. Esto democratiza el acceso a la inteligencia artificial y reduce las barreras técnicas y financieras.

⊃ **Infraestructura híbrida y *multicloud:*** muchas empresas están adoptando arquitecturas híbridas (combinación de infraestructura local y nube) o *multicloud* (uso de varios proveedores de nube) para aumentar su flexibilidad, reducir riesgos y evitar la dependencia de un único proveedor.

⊃ **Infraestructura sostenible y eficiencia energética:** el entrenamiento de modelos grandes consume enormes cantidades de energía. Por ello, existe una creciente presión por desarrollar centros de datos ecológicos, mejorar la eficiencia energética del *hardware* y adoptar prácticas más sostenibles en el uso de inteligencia artificial.

● *Chips* **especializados para IA:** el diseño de procesadores optimizados para la inteligencia artificial es otra tendencia clave. Las nuevas generaciones de GPU, TPU y aceleradores personalizados permiten reducir el tiempo de entrenamiento y el consumo energético al ejecutar modelos con mayor eficiencia.

● **Automatización del ciclo de vida de modelos (MLOps):** el enfoque MLOps *(machine learning operations)* busca automatizar y escalar el proceso de entrenamiento, validación, implementación y monitorización de los modelos de inteligencia artificial, integrando las buenas prácticas del desarrollo de *software* al flujo de trabajo del aprendizaje automático.

IMPORTANTE

Estas tendencias no solo pretenden mejorar la potencia o la velocidad de la infraestructura de la inteligencia artificial, sino también hacerla más accesible, ética y adaptada a las necesidades reales de las empresas, organismos públicos y usuarios finales.

- -

6.4. Datos y gestión de datos

El elemento fundamental, sin el que la inteligencia artificial no existiría, son los datos. Sin unos datos de calidad, incluso los modelos más avanzados fallan en generar resultados útiles o confiables. Por ello, una gestión adecuada de los datos, además de ser un requisito técnico, es un factor estratégico que impacta directamente en la eficacia, la ética y la escalabilidad de cualquier proyecto de inteligencia artificial.

Los datos permiten entrenar modelos, evaluar su desempeño, corregir los errores y adaptarlos a los nuevos contextos. Pero no todos los datos son útiles: deben ser recolectados, organizados, limpiados, etiquetados y protegidos. Además, no hay que olvidarse de los aspectos legales y éticos, como la privacidad, el consentimiento o la no discriminación en el uso de la información.

Algunos aspectos clave en la gestión de datos para los proyectos de inteligencia artificial son:

- **Recolección de datos:** la recolección puede provenir de múltiples fuentes: sensores, aplicaciones web, redes sociales, historiales médicos, transacciones, cámaras, entre otras. Es fundamental definir qué datos se necesitan y cómo obtenerlos de forma legal y ética.
- **Limpieza y preparación de datos:** los datos crudos suelen contener errores, valores faltantes, duplicados o formatos inconsistentes. La limpieza y normalización son etapas esenciales antes de entrenar un modelo, ya que afectan directamente su precisión.
- **Etiquetado de datos:** en los modelos supervisados, es necesario que los datos estén etiquetados, es decir, que incluyan una "respuesta correcta" con la que el modelo pueda aprender. Este proceso puede ser manual o automatizado, y suele requerir de mucho tiempo y cuidado.
- **Almacenamiento y acceso a datos:** el almacenamiento debe ser escalable, seguro y eficiente. Además, los datos deben estar organizados de forma que puedan ser consultados por los modelos en entrenamiento y en producción, respetando siempre las normativas de privacidad y protección.
- **Gobernanza y ética de datos:** es crucial establecer reglas claras sobre el uso de los datos: ¿quién los puede usar?, ¿para qué fines?, ¿durante cuánto tiempo?, ¿con qué nivel de anonimización? Esto no solo es una cuestión legal, sino también de responsabilidad social.
- **Actualización y mantenimiento:** los datos no son estáticos, cambian con el tiempo, y los modelos deben adaptarse a estos cambios. Una buena gestión incluye mecanismos para actualizar los *datasets* y entrenar de nuevo los modelos cuando sea necesario.

6.5. Algoritmos y marcos de desarrollo

El corazón de la inteligencia artificial son los algoritmos, que son las reglas o instrucciones matemáticas que permiten a una máquina aprender de los datos, reconocer los patrones y tomar decisiones. Estos algoritmos varían en su complejidad; pueden ir desde simples árboles de decisión hasta redes neuronales profundas capaces de procesar imágenes, voz o el lenguaje natural. La elección del algoritmo adecuado depende del tipo de problema a resolver, de la calidad de los datos y de los objetivos del proyecto.

Para facilitar el diseño, el entrenamiento y el despliegue de los distintos modelos, los desarrolladores utilizan **marcos de desarrollo *(frameworks)*.** Estos entornos proporcionan las herramientas, bibliotecas y estructuras necesarias estandarizadas que agilizan la programación y permiten aprovechar el poder del *hardware* disponible (GPU o TPU). Algunos *frameworks* están enfocados en los usuarios avanzados, mientras que otros son más accesibles para quienes se están iniciando en la inteligencia artificial.

Comprender los algoritmos y conocer los principales marcos de desarrollo es fundamental para implementar distintas soluciones de inteligencia artificial de forma eficiente y escalable. Los tipos de algoritmos más utilizados y los *frameworks* más populares son:

➲ **Algoritmos comunes:**

 ◊ **Regresión:** se utiliza para predecir valores numéricos continuos a partir de variables de entrada.
 ◊ **Clasificación:** permite asignar una categoría a una entrada.
 ◊ **Clustering (agrupamiento no supervisado):** agrupa los datos similares sin etiquetas previas.
 ◊ **Redes neuronales y aprendizaje profundo:** modelos inspirados en el cerebro humano, muy usados en la visión artificial, el reconocimiento de voz y el lenguaje natural.
 ◊ **Aprendizaje por refuerzo:** el modelo aprende mediante ensayo y error, recibiendo recompensas por decisiones correctas.

➲ **Principales marcos de desarrollo *(frameworks):***

 ◊ ***TensorFlow:*** desarrollado por *Google,* es uno de los *frameworks* más potentes y ampliamente utilizados. Soporta el aprendizaje profundo, la visión por computadora y el procesamiento del lenguaje natural.
 ◊ ***PyTorch:*** impulsado por *Meta,* es conocido por su flexibilidad y su facilidad de depuración. Muy popular en investigación académica y ampliamente usado en producción.
 ◊ ***Scikit-learn:*** ideal para proyectos de *machine learning* más clásicos (regresión, clasificación, *clustering),* con una curva de aprendizaje accesible para principiantes.
 ◊ ***Keras:*** *framework* de alto nivel que corre sobre TensorFlow. Muy utilizado para desarrollar prototipos de forma rápida gracias a su sintaxis simple e intuitiva.
 ◊ ***Hugging Face Transformers:*** especializado en modelos de lenguaje natural (NLP) como BERT o GPT. Permite descargar y reutilizar modelos preentrenados listos para ajustar.

Elegir el algoritmo y el *framework* adecuado depende del tipo de datos disponibles, el objetivo del proyecto, el nivel de experiencia del equipo y la infraestructura con la que se cuenta. Algunos marcos son ideales para la investigación y para el prototipado, mientras que otros son mejores para el desarrollo de soluciones escalables en producción.

 PARA SABER MÁS

En el siguiente enlace puedes acceder a la memoria del proyecto de fin de grado de Alejandra Torroba Haendler, en el que realiza un análisis detallado sobre el impacto social de los algoritmos, abordando sus efectos positivos y los riesgos asociados. Se realizan propuestas de estrategias para aumentar la transparencia, la responsabilidad y la equidad en su uso.

https://redirectoronline.com/ifct1170109

6.6. Plataformas y servicios de inteligencia artificial

A medida que la inteligencia artificial se consolida como una tecnología transversal en distintos sectores, también han surgido plataformas que simplifican su adopción. Estas plataformas ofrecen la infraestructura, las herramientas y los servicios necesarios listos para su uso, lo que permite a las empresas y a las organizaciones desarrollar modelos inteligentes sin necesidad de construir todo desde cero. Esta accesibilidad ha sido un elemento clave para democratizar la inteligencia artificial y permitir que los proyectos de distintos tamaños puedan beneficiarse de su potencial.

Muchas de estas soluciones se ofrecen bajo el modelo de inteligencia artificial como **servicio (AIaaS),** lo que significa que el usuario puede acceder a modelos preentrenados, con capacidad de cómputo, almacenamiento y herramientas de desarrollo en la nube, pagando solo por lo que necesita. Esto reduce la inversión inicial y acelera el tiempo de implementación, incluso para equipos con conocimientos técnicos limitados.

En el ecosistema actual de plataformas de inteligencia artificial se pueden encontrar los gigantes tecnológicos como *Google, Amazon* o *Microsoft,* así como otros servicios especializados para el desarrollo de tareas concretas como el procesamiento del lenguaje natural, la visión artificial o el análisis predictivo. Las plataformas más relevantes y sus aplicaciones más comunes son:

➲ **Plataformas en la nube** *(cloud AI platforms):*

  ⊍ *Google Cloud AI:* ofrece herramientas como *AutoML, Vertex* AI y modelos preentrenados para la clasificación de imágenes, procesamiento del lenguaje natural y análisis predictivo. También proporciona infraestructuras para entrenar modelos personalizados con *TensorFlow.*

  ⊍ *Amazon web services* (**AWS**): incluye servicios como SageMaker (para el desarrollo de modelos), *Rekognition* (análisis de imágenes y vídeos) y *Comprehend* (análisis de texto). También soporta modelos personalizados y *pipelines* de MLOps.

  ⊍ *Microsoft Azure AI:* ofrece servicios como *Azure Machine Learning, Language Understanding* (LUIS) y *Azure Cognitive Services,* orientados a soluciones empresariales con énfasis en seguridad y gobernanza de datos.

➲ **Plataformas especializadas:**

  ⊍ *Hugging Face:* una de las plataformas más populares para el procesamiento del lenguaje natural (NLP). Ofrece modelos como BERT, GPT, RoBERTa y herramientas para ajustarlos a tareas específicas como traducción, análisis de sentimientos o respuestas automáticas.

  ⊍ *IBM Watson:* plataforma enfocada en soluciones empresariales, con servicios como *Watson Assistant (chatbots* inteligentes), *Watson Discovery* (análisis de documentos) y *Watson Studio* (entorno para construir y entrenar modelos).

➲ **Plataformas de código abierto y colaborativas**

  ⊍ *Kaggle:* propiedad de Google, ofrece *datasets, notebooks,* competencias y *kernels* listos para probar modelos. Es un entorno ideal para aprender, prototipar y experimentar con inteligencia artificial en comunidad.

  ⊍ *DataRobot:* enfocada en la automatización del aprendizaje automático (AutoML). Permite construir, comparar e implementar modelos sin necesidad de escribir código, ideal para equipos no técnicos.

⊃ Asistentes inteligentes y API listas para usar:

- ◊ *Dialogflow (Google):* plataforma de IA para crear asistentes conversacionales y *bots* personalizados.
- ◊ *OpenAI API (ChatGPT, DALL·E):* plataforma de IA para generar texto, resumir documentos, responder preguntas o crear imágenes.
- ◊ *Clarifai:* plataforma de IA para reconocimiento de imágenes y vídeos en soluciones de seguridad o análisis comercial.

NOTA

En unos entornos cada vez más competitivos, utilizar estas plataformas permite a las organizaciones centrarse en resolver sus problemas reales, sin quedar atrapadas en la complejidad técnica del desarrollo desde cero. La clave está en elegir correctamente la herramienta adecuada según los objetivos, los recursos y el nivel de personalización necesario.

6.7. Tecnologías emergentes complementarias

La evolución y la aplicación efectiva de la inteligencia artificial dependen, en gran medida, de otras tecnologías emergentes que actúan como complemento, extensión o facilitador. Estas tecnologías no solo hacen posible que la inteligencia artificial funcione con mayor precisión y velocidad, sino que amplían sus capacidades, permitiendo soluciones más complejas, adaptables y valiosas para distintos sectores.

Al combinarse con la inteligencia artificial, estas herramientas dan lugar a soluciones innovadoras que resuelven desafíos antes imposibles de abordar.

EJEMPLO

Los sensores del denominado internet de las cosas (IoT) recogen datos en tiempo real que los algoritmos de inteligencia artificial analizan, las tecnologías *blockchain* garantizan la trazabilidad y la transparencia de las decisiones

Continúa en página siguiente >>

<< Viene de página anterior

automatizadas, y la computación cuántica promete acelerar exponencialmente la capacidad de entrenamiento de modelos complejos.

Algunas de las tecnologías emergentes más relevantes actúan como aliadas estratégicas de la inteligencia artificial. Estas tecnologías son:

- **Internet de las cosas (IoT):** el IoT permite conectar dispositivos físicos a internet para recopilar datos de su entorno. La inteligencia artificial analiza esos datos para generar predicciones, automatizar respuestas o tomar decisiones inteligentes en tiempo real.
- ***Blockchain:*** *blockchain* aporta seguridad, transparencia y trazabilidad a los procesos que involucran inteligencia artificial. Esto es especialmente útil cuando se quiere verificar el origen de los datos, auditar las decisiones automatizadas o proteger la integridad de los modelos.
- **Computación en la nube** *(cloud computing):* aunque ampliamente adoptada, la nube sigue evolucionando como soporte fundamental de la inteligencia artificial, permitiendo el acceso a recursos de cómputo, almacenamiento y herramientas de desarrollo bajo demanda, desde cualquier lugar.
- **Computación cuántica:** aún en fase experimental, la computación cuántica promete revolucionar la inteligencia artificial al permitir el procesamiento de múltiples combinaciones de datos simultáneamente. Esto aceleraría exponencialmente tareas como la optimización, la simulación y el entrenamiento de modelos complejos.
- **Realidad aumentada (AR) y realidad virtual (VR):** estas tecnologías pueden integrarse con la inteligencia artificial para crear entornos inmersivos e interactivos. La inteligencia artificial interpreta el comportamiento del usuario y adapta la experiencia en tiempo real.
- **Robótica avanzada:** la robótica integrada con la inteligencia artificial permite crear máquinas capaces de percibir su entorno, aprender de la experiencia y tomar decisiones autónomas.
- **5G y conectividad avanzada:** la implementación de redes 5G facilita la transferencia de grandes cantidades de datos con baja latencia, lo cual es esencial para que la inteligencia artificial funcione en tiempo real, especialmente en los dispositivos móviles, en los vehículos autónomos o en los entornos industriales conectados.

La integración de estas tecnologías emergentes con la inteligencia artificial, además de multiplicar las posibilidades técnicas, también abre la puerta a otros modelos de innovación más sostenibles, más eficientes y centrados en las personas. Entender la manera en la que se relacionan es fundamental para diseñar soluciones inteligentes completas y preparadas para los retos futuros.

Al integrar las tecnologías con la inteligencia artificial se crean nuevas posibilidades y nuevos modelos de innovación.

7. Resumen

La inteligencia artificial desarrolla sistemas que imitan tareas humanas como razonar, aprender o comunicarse. Desde su origen en el siglo XX, ha avanzado lentamente, pero hoy es fundamental en la innovación digital gracias al mayor poder de cómputo, más datos y mejores algoritmos.

Las dos características esenciales que definen los sistemas de inteligencia artificial son la capacidad de aprendizaje y la versatilidad.

En el corazón de cualquier sistema de inteligencia artificial están los datos y los algoritmos. Los datos alimentan a los modelos de la inteligencia artificial y permiten que estos aprendan, identifiquen patrones y generen resultados útiles. Los algoritmos, por su parte, son las instrucciones lógicas que procesan esos datos y permiten a las máquinas tomar decisiones o realizar tareas. La eficacia de una solución de inteligencia artificial depende de la calidad de los datos y de la correcta elección y entrenamiento de los algoritmos.

Los tipos de algoritmos que se pueden encontrar son:

Algoritmos de búsqueda	Algoritmos de orden	Algoritmos de cálculo	Algoritmos de compresión

La inteligencia artificial opera a través de la recopilación, el análisis y el procesamiento de grandes volúmenes de datos. Mediante técnicas como el aprendizaje automático *(machine learning)* y el aprendizaje profundo *(deep learning)*, estos sistemas identifican patrones complejos y mejoran progresivamente su rendimiento. Gracias a estas capacidades, es posible abordar tareas que van desde la categorización automática de correos electrónicos hasta el diagnóstico médico asistido o el análisis predictivo de mercados.

Implementar la inteligencia artificial consiste en integrar distintas tecnologías inteligentes en los procesos empresariales, sociales o personales para aumentar la eficiencia, el desempeño y la calidad en la toma de decisiones. En este contexto, surge el concepto de inteligencia aumentada, donde las tecnologías complementan las capacidades humanas. Las máquinas analizan datos y proponen soluciones, mientras que la decisión final y el juicio permanecen bajo responsabilidad humana.

Los elementos clave para lograr una implementación efectiva de la inteligencia artificial y la inteligencia artificial aumentada son:

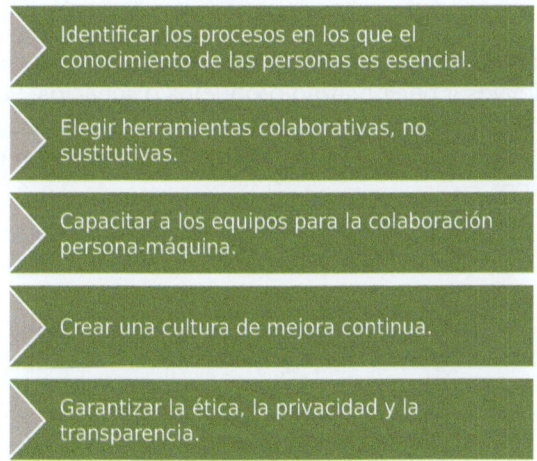

Identificar los procesos en los que el conocimiento de las personas es esencial.

Elegir herramientas colaborativas, no sustitutivas.

Capacitar a los equipos para la colaboración persona-máquina.

Crear una cultura de mejora continua.

Garantizar la ética, la privacidad y la transparencia.

La incorporación de la inteligencia artificial aumentada en una organización no es solamente implantar la tecnología. Implica cambios culturales, nuevas formas de trabajo y estrategias que pongan a las personas en el centro. La inteligencia artificial aumentada puede aplicarse en áreas como la atención al cliente, el análisis financiero, los recursos humanos o la innovación de los productos, ayudando a mejorar los resultados sin deshumanizar los procesos. Su adopción progresiva facilita la transformación digital sostenible y centrada en el talento humano.

La integración de la robótica y la inteligencia artificial genera sistemas capaces de percibir, aprender y tomar decisiones en tiempo real. Esto ha impulsado el desarrollo de los *cobots,* que colaboran con las personas en las fábricas, hospitales o comercios. A diferencia de los robots tradicionales, estos sistemas se adaptan y aprenden de la experiencia, ampliando el alcance de la automatización inteligente.

Los principales componentes que conforman una infraestructura de inteligencia artificial son:

Unidades de procesamiento: CPU, GPU y TPU

Almacenamiento masivo de datos

Redes y conectividad

Soluciones en la nube vs. infraestructura local

Entornos y marcos de desarrollo

Estas tecnologías mejoran la eficiencia, automatizan tareas, permiten análisis predictivos y personalizan productos o servicios. Pero requieren inversión en infraestructura, gestión ética de datos, ciberseguridad y capacitación. Superar estos retos demanda una estrategia que combine lo técnico y lo humano.

Ejercicios de autoevaluación
Unidad de Aprendizaje 1

1. Indica si las siguientes oraciones son verdaderas o falsas.

a. La inteligencia artificial busca desarrollar sistemas capaces de realizar tareas que requieren del uso de la inteligencia humana.

- Falso
- Verdadero

b. El desarrollo de la inteligencia artificial se ha producido a comienzos del siglo XXI.

- Falso
- Verdadero

c. La inteligencia artificial se limita a replicar el comportamiento humano.

- Falso
- Verdadero

d. El elemento fundamental de la inteligencia artificial son los datos.

- Falso
- Verdadero

2. ¿Quién es primer referente histórico de la inteligencia artificial?

a. Alan Turing
b. Bill Gates
c. Elon Musk
d. Steve Jobs

3. ¿Cuál de las siguientes opciones define mejor un algoritmo?

a. Código generado por robots
b. Conjunto de pasos lógicos y ordenados para resolver un problema

    c. Modelo de lenguaje natural

    d. Red neuronal con múltiples capas

4. ¿Qué tipo de inteligencia artificial busca emular la inteligencia humana de forma autónoma?

    a. Inteligencia artificial débil

    b. Inteligencia artificial general

    c. Inteligencia aumentada

    d. Inteligencia automática

5. ¿Cuál es una consecuencia positiva de aplicar inteligencia aumentada en una empresa?

    a. Se automatizan las tareas creativas.

    b. Se elimina el rol del equipo humano.

    c. Se fortalecen la productividad y la adaptación al cambio.

    d. Se reducen las decisiones humanas.

6. ¿Por qué es clave la gestión de los datos en el uso de la inteligencia artificial?

    a. Asegura resultados útiles, éticos y escalables.

    b. Evita la supervisión de algoritmos.

    c. Permite ahorrar espacio en servidores.

    d. Reduce el número de sensores.

7. ¿Qué papel tienen las personas en el uso de la inteligencia aumentada (IA+)?

    a. Son fundamentales para interpretar y decidir con apoyo tecnológico.

    b. Son quienes programan y se retiran.

    c. No tienen ningún papel, ya que todo es automatizado.

    d. Solo actúan como observadoras.

8. ¿Qué se requiere para lograr una implementación exitosa de la inteligencia artificial en una empresa?

    a. Automatización inmediata de todos los procesos
    b. Infraestructura adecuada, objetivos claros y colaboración humana
    c. Solamente buena conectividad
    d. Tecnología sin intervención humana

9. ¿Qué infraestructura es fundamental para ejecutar los modelos de inteligencia artificial?

    a. Plan de *marketing* digital
    b. Red de microcontroladores
    c. Redacción técnica
    d. Unidades de procesamiento especializadas y almacenamiento seguro

10. ¿Qué hace el sistema de comunicación de un robot?

    a. Carga la batería.
    b. Procesa imágenes.
    c. Reproduce sonidos.
    d. Transfiere información entre usuario, sensores y unidad de control.

Unidad de aprendizaje 2

Campos de actuación más relevantes de la inteligencia artificial y otros derivados de la transformación digital

Contenido

1. Introducción
2. Identificación de los campos de actuación de la inteligencia artificial y otros derivados de la transformación digital
3. Anticipación de las innovaciones asociadas a la inteligencia artificial
4. Descripción del estilo de liderazgo necesario para proyectos de conocimiento, ciencia de datos e inteligencia artificial
5. Reconocimiento de los desafíos éticos y sociales de la inteligencia artificial
6. Resumen

Objetivos

El objetivo general de esta Unidad de Aprendizaje es:

→ Entender cómo la inteligencia artificial transforma distintos sectores de la sociedad, explorando sus aplicaciones, las tecnologías que la acompañan, sus innovaciones, los desafíos éticos que plantea y el tipo de liderazgo necesario para usarla de forma responsable.

Los objetivos específicos de esta Unidad de Aprendizaje son:

→ Identificar los principales campos de actuación de la inteligencia artificial, comprendiendo su impacto en distintos sectores, funciones y contextos sociales y económicos.

→ Analizar las tecnologías complementarias derivadas de la transformación digital, reconociendo su interacción con la inteligencia artificial en la creación de entornos inteligentes y automatizados.

→ Anticipar las innovaciones emergentes en inteligencia artificial, evaluando sus aplicaciones potenciales, implicaciones funcionales y desafíos éticos y sociales.

→ Describir los estilos y competencias de liderazgo adecuados para proyectos de ciencia de datos e inteligencia artificial, valorando enfoques adaptativos, colaborativos y éticos.

→ Reconocer los dilemas éticos y los marcos normativos asociados al uso responsable de la inteligencia artificial, promoviendo una visión crítica, inclusiva y centrada en las personas.

→ Definir el tipo de liderazgo que se necesita para dirigir un proyecto de inteligencia artificial identificando las habilidades personales clave y la manera de gestionar los conflictos y las decisiones éticas en un equipo diverso.

1. Introducción

La inteligencia artificial se ha convertido en una de las tecnologías más transformadoras y relevantes de nuestro tiempo. Su capacidad para procesar grandes volúmenes de datos, aprender de ellos y tomar decisiones automatizadas está cambiando la manera en la que trabajan las empresas, interactúan las personas y se toman decisiones en distintos ámbitos sociales y empresariales.

Además de conocer en qué lugares y de qué manera se aplica la inteligencia artificial, es fundamental anticiparse a los cambios que la acompañan. Las innovaciones tecnológicas asociadas a la inteligencia artificial, además de mejorar los procesos existentes, también están generando nuevas formas de trabajo o la aparición de nuevos productos y servicios. Esta evolución requiere de una mirada estratégica que permita aprovechar las oportunidades sin olvidarse de los desafíos éticos, sociales y económicos que también conlleva.

Entender los distintos tipos de liderazgo necesarios para dirigir proyectos de análisis de datos e inteligencia artificial es un aspecto clave para tratar de asegurar su éxito. Estos entornos requieren líderes que fomenten la colaboración, el pensamiento crítico, la responsabilidad social y la adaptabilidad al cambio.

Durante el proceso de descubrimiento de los campos en los que la inteligencia artificial tiene presencia, María y Pedro se han dado cuenta de que su impacto es mayor al que creían, puesto que hay sectores en los que la inteligencia artificial se ha vuelto relevante, cosa que ellos desconocían.

Además, explorarán cómo la transformación digital ha dado lugar a nuevas formas de trabajo, impulsando el uso de tecnologías emergentes como el internet de las cosas, la robótica, el *blockchain* o la computación en la nube. Para María y Pedro, estos avances no solo representan una evolución tecnológica, sino también un cambio profundo en la forma en que las personas se relacionan con el entorno digital y con su propio trabajo.

2. Identificación de los campos de actuación de la inteligencia artificial y otros derivados de la transformación digital

☞ HILO CONDUCTOR

María y Pedro descubrirán que la inteligencia artificial actúa en sectores como la salud, la educación, las finanzas y la industria, mejorando los procesos y la toma de decisiones. También reconocerán el impacto que tienen las tecnologías derivadas de la transformación digital, como la robótica, el internet de las cosas o la computación en la nube.

La inteligencia artificial ha dejado de ser una tecnología futurista para convertirse en una herramienta fundamental en el día a día. Su capacidad para procesar grandes volúmenes de datos, identificar patrones complejos y automatizar las tareas cognitivas ha transformado múltiples ámbitos de la vida cotidiana, desde la forma en la que se compra y se aprende hasta el diagnóstico de enfermedades o la toma de decisiones empresariales. Identificar sus campos de actuación es fundamental para comprender su impacto real y anticipar cómo transformará nuestro entorno en los próximos años.

La inteligencia artificial no actúa de forma aislada, sino que forma parte de un ecosistema más amplio impulsado por la transformación digital, que incluye tecnologías como el *big data,* la computación en la nube, el internet de las cosas (IoT) o la robótica inteligente. Estos avances, interconectados, han cambiado las herramientas utilizadas para trabajar, las estructuras organizativas, los modelos de negocio y las competencias que exige el entorno laboral actual.

2.1. Campos de aplicación de la inteligencia artificial

En las últimas décadas, la inteligencia artificial ha pasado de ser una disciplina de investigación limitada a los laboratorios académicos a convertirse en una de las tecnologías más influyentes del siglo XXI. Hoy en día, es un componente esencial en una variedad de sistemas y aplicaciones que afectan directamente a la manera en la que las personas viven, trabajan y se comunican. Esta presencia ubicua de la inteligencia artificial, además de reflejar su potencial técnico, también muestra su capacidad para modificar estructuras sociales, económicas y organizativas a través de la automatización, la optimización y el análisis de los datos.

Al hablar de los campos de actuación de la inteligencia artificial, se hace referencia a los campos en los que esta tecnología se aplica para resolver problemas concretos, mejorar los procesos, ofrecer nuevos servicios o tomar decisiones más informadas. Estos ámbitos se pueden clasificar de diferentes formas: por sectores (como salud, educación, finanzas o industria), por funciones (automatización, predicción, recomendación, personalización), o incluso por su impacto social (mejora del acceso a servicios, sostenibilidad, inclusión). Esta diversidad demuestra que la inteligencia artificial no es una herramienta única, sino que es un conjunto de tecnologías que se adaptan al contexto y al objetivo deseado.

La inteligencia artificial es el centro de los sistemas tecnológicos interconectados.

La inteligencia artificial no opera aisladamente, sino que forma parte de un ecosistema de transformación digital en el que confluyen múltiples tecnologías emergentes. Entre ellas, destacan el *big data,* que provee los volúmenes masivos de información necesarios para entrenar a los algoritmos; el internet de las cosas (IoT), que conecta los objetos físicos a las redes digitales; la computación en la nube, que permite almacenar y procesar datos de manera escalable; y la robótica inteligente, que extiende la inteligencia artificial al mundo físico. La combinación de todas estas tecnologías está generando nuevos modelos de interacción y producción, más automatizados, descentralizados y basados en el conocimiento.

Entender estos campos de actuación, además de facilitar una visión más clara del presente tecnológico, también es clave para diseñar las estrategias de adopción responsable que sean capaces de identificar nuevas oportunidades de innovación y que puedan anticiparse a los cambios que vendrán. En un entorno marcado por la disrupción, el conocimiento del rol que desempeña la inteligencia artificial se convierte en una herramienta fundamental tanto para los profesionales como para las personas.

 **VÍDEO**

En el siguiente vídeo se analizan las predicciones sobre la inteligencia artificial. Se trata de una revisión útil para entender las tendencias actuales. Accede desde aquí para verlo.

https://redirectoronline.com/ifct1170201

2.2. Ámbitos funcionales donde actúa la inteligencia artificial

Más allá de los sectores específicos en los que se implementa, la inteligencia artificial también se despliega a través de funciones clave que permiten resolver tareas concretas. Estas funciones se repiten en diversas industrias y sectores, lo que demuestra que la inteligencia artificial es una tecnología de propósito general: su utilidad depende de cómo se configure y para qué se use. Algunos de los principales ámbitos funcionales en los que la inteligencia artificial aporta valor son:

○ **Automatización de procesos:** la automatización ha sido una de las funciones más visibles y difundidas de la inteligencia artificial. A través de técnicas como el aprendizaje automático o la visión por computadora, los sistemas inteligentes pueden realizar tareas que antes requerían de una intervención humana constante. Algunos ejemplos de su aplicación son:

◑ Clasificación automática de correos electrónicos *(spam,* prioridad, urgentes).
◑ Revisión de documentos legales o contratos mediante reconocimiento de texto.
◑ Procesamiento de facturas en los sistemas de contabilidad automatizada.

Entre los principales impactos de esta automatización se encuentran:

◑ Reducción de los errores humanos.
◑ Aumento de velocidad en los procesos operativos.
◑ Disminución de los costes administrativos.

➲ **Análisis predictivo y toma de decisiones:** la capacidad de predecir resultados a partir de datos históricos es uno de los pilares más potentes de la inteligencia artificial. Esto permite a las organizaciones anticiparse a los problemas, detectar nuevas oportunidades y tomar decisiones mejor informadas. Algunos ejemplos de su aplicación incluyen:

◑ Predicción de demandas en cadenas de suministro.
◑ Análisis de riesgos crediticios o financieros.
◑ Detección temprana de enfermedades basadas en patrones clínicos.

Entre los principales impactos de estas tecnologías se encuentran:

◑ Optimización de los recursos.
◑ Mejora de la planificación estratégica.
◑ Reducción de la incertidumbre.

➲ **Detección de patrones y anomalías:** los sistemas de inteligencia artificial pueden detectar comportamientos atípicos o desviaciones que se escapan al ojo humano. Esto es fundamental en los contextos en los que la seguridad, el fraude o el control de calidad son esenciales. Algunos ejemplos de aplicación de estos sistemas son:

◑ Detección de fraudes bancarios en tiempo real.
◑ Control de calidad en líneas de producción industrial.
◑ Identificación de ciberataques mediante análisis del tráfico de red.

Entre los principales impactos se encuentran:

◑ Mejora en la prevención de riesgos.
◑ Intervención temprana ante amenazas o averías.
◑ Mayor confiabilidad en los sistemas.

⊃ **Personalización de productos, servicios y experiencias:** uno de los usos más habituales de la inteligencia artificial es su capacidad de adaptar las experiencias a cada usuario. Esta función es especialmente valiosa en las plataformas digitales, el sector del *marketing* y de los servicios educativos. Algunos ejemplos de esta función son:

ᴜ Recomendaciones de productos en plataformas de comercio electrónico.
ᴜ Personalización del aprendizaje en plataformas educativas adaptativas.
ᴜ Curación automática de noticias o contenido musical según intereses.

Entre los principales impactos se encuentran:

ᴜ Mayor satisfacción del usuario.
ᴜ Aumento en la fidelización de clientes.
ᴜ Interacciones más relevantes y efectivas.

⊃ **Interacción mediante lenguaje natural:** gracias al procesamiento de lenguaje natural (NLP), la inteligencia artificial puede entender, generar y responder en lenguaje humano, tanto en forma escrita como oral. Algunos ejemplos de esta aplicación son:

ᴜ Asistentes virtuales (Siri, Alexa, *Google Assistant*).
ᴜ *Chatbots* para atención al cliente en sitios web y redes sociales.
ᴜ Traducción automática y subtítulos en tiempo real.

Entre los principales impactos se encuentran:

ᴜ Mejora en la accesibilidad y en la experiencia del usuario.
ᴜ Reducción en los tiempos de respuesta en servicios.
ᴜ Interfaz más intuitiva entre personas y tecnología.

⊃ **Generación de contenido:** la inteligencia artificial también puede generar contenido nuevo, ya sea en forma de texto, imágenes, música o vídeo. Esto ha dado lugar a una explosión de herramientas creativas y a desafíos éticos importantes. Algunos ejemplos de esta aplicación son:

ᴜ Generación de textos automatizados (artículos, resúmenes, correos).
ᴜ Creación de imágenes a partir de descripciones (IA generativa como *DALL·E*).
ᴜ Composición musical o edición automática de vídeo.

Entre los principales impactos se encuentran:

- Aceleración de los procesos creativos.
- Democratización de la generación de contenido.
- Riesgos asociados a la desinformación *(deepfakes, fake news)*.

➲ **Aprendizaje adaptativo y mejora continua:** muchos sistemas de inteligencia artificial están diseñados para mejorar con el uso, aprendiendo de sus errores y ajustando sus respuestas a nuevos contextos o datos. Algunos ejemplos son:

- Sistemas de recomendación que se ajustan al comportamiento del usuario.
- Plataformas educativas que modifican la dificultad de los ejercicios.
- Robots que mejoran su desempeño mediante prueba y error.

Entre los principales impactos se encuentran:

- Mayor efectividad a medida que se usa el sistema.
- Capacidad de adaptarse a entornos cambiantes.
- Reducción en la necesidad de intervención humana.

➲ **Integración con dispositivos físicos (IA embebida):** la inteligencia artificial no solo se limita al *software*. En combinación con sensores y dispositivos físicos, se pueden crear sistemas inteligentes que interactúan con el entorno. Algunos ejemplos son:

- Termostatos inteligentes que ajustan la temperatura según el uso y el clima.
- Robots aspiradores que mapean las habitaciones y optimizan las rutas.
- Drones que inspeccionan infraestructuras o cultivos agrícolas.

Entre los principales impactos se encuentran:

- Automatización avanzada en el entorno físico.
- Ahorro energético y eficiencia operativa.
- Nuevas formas de interacción máquina-entorno.

Los ámbitos funcionales de la inteligencia artificial no se reducen a una única actividad, sino que abarcan una amplia variedad de tareas cognitivas y operativas. Muchas veces se combinan estas funciones; por ejemplo, un *chatbot* que automatiza los procesos, interactúa mediante el lenguaje natural con los usuarios, aprende con el tiempo y personaliza las respuestas.

IMPORTANTE

Comprender los ámbitos funcionales de la inteligencia artificial es fundamental para identificar las oportunidades de aplicación en cualquier sector o disciplina. También permite visualizar los límites actuales de la tecnología, y pensar críticamente en la mejor manera de diseñar soluciones más efectivas, éticas y orientadas al beneficio social.

2.3. Derivados de la transformación digital

La transformación digital, además de adoptar las nuevas tecnologías, también implica una reconfiguración profunda de la forma en la que se genera el valor, el conocimiento y los servicios. En este proceso, la inteligencia artificial actúa como núcleo operativo de muchas innovaciones, pero no puede funcionar de manera aislada. Su despliegue está íntimamente vinculado con otros elementos tecnológicos, que hacen posible su funcionamiento, su ampliación y su aplicación práctica.

A continuación, te presentamos las tecnologías más relevantes que, junto con la inteligencia artificial, conforman la base del nuevo entorno digital.

Big data

La inteligencia artificial necesita datos para aprender, adaptarse y tomar decisiones. En este sentido, el *big data*, manejo de volúmenes masivos de datos que no pueden ser procesados por métodos tradicionales, es uno de los pilares fundamentales de la IA. Las características principales del *big data* son:

- ⮑ **Volumen:** grandes cantidades de datos generados en tiempo real.
- ⮑ **Velocidad:** datos que se producen y procesan a alta velocidad *(streaming)*.
- ⮑ **Variedad:** datos estructurados, no estructurados, imágenes, audios, etc.
- ⮑ **Veracidad:** calidad y fiabilidad de los datos.
- ⮑ **Valor:** utilidad que puede extraerse de los datos mediante análisis.

La relación del *big data* con la inteligencia artificial es:

- Entrenamiento de modelos predictivos.
- Detección de patrones complejos.
- Generación de análisis en tiempo real.

 EJEMPLO

Algunas empresas de telecomunicaciones utilizan el *big data* y la inteligencia artificial para analizar el comportamiento de millones de usuarios y predecir bajas, diseñando ofertas personalizadas para retenerlos.

Internet de las cosas (IoT)

El internet de las cosas (IoT) consiste en la conexión de distintos objetos físicos, vehículos, electrodomésticos, maquinaria, sensores, a internet, para recolectar y transmitir datos en tiempo real.

Las funciones principales son:

- Análisis constante del entorno.
- Interacción autónoma entre dispositivos.
- Registro histórico de comportamiento o uso.

La relación con la inteligencia artificial es:

- Los datos captados por el IoT alimentan los modelos de inteligencia artificial.
- La inteligencia artificial puede actuar sobre el entorno físico en función de los datos recibidos.
- Permite sistemas automatizados en agricultura, industria, ciudades inteligentes y salud.

 **EJEMPLO**

En una casa inteligente, los sensores de temperatura y movimiento detectan la presencia de personas y, mediante la inteligencia artificial, se ajusta automáticamente la climatización y la iluminación según las preferencias y los hábitos.

Computación en la nube *(cloud computing)*

La computación en la nube permite acceder a los recursos de almacenamiento, al procesamiento y a los servicios tecnológicos a través de internet, sin necesidad de tener una infraestructura local propia.

Sus ventajas principales son:

- **Escalabilidad:** se ajusta al volumen de datos o procesos.
- **Flexibilidad:** es accesible desde cualquier lugar.
- **Reducción de costes:** elimina inversiones en *hardware* físico.

La relación con la inteligencia artificial es:

- Hospedaje de modelos complejos sin necesidad de supercomputadoras locales.
- Entrenamiento colaborativo y centralizado de algoritmos.
- Implementación ágil de soluciones en distintas plataformas.

 **EJEMPLO**

Startups que utilizan las plataformas en la nube como *Google Cloud* o *AWS* para entrenar y desplegar modelos de inteligencia artificial sin tener que adquirir una infraestructura costosa.

Robótica inteligente

La robótica inteligente combina sensores, procesamiento en tiempo real y algoritmos de inteligencia artificial para realizar acciones autónomas en el mundo físico. A diferencia de los robots tradicionales, estos sistemas pueden aprender, adaptarse e interactuar de forma flexible con su entorno.

Las aplicaciones comunes son:

- Robots colaborativos *(cobots)* en fábricas.
- Drones autónomos para inspección o vigilancia.
- Robots de asistencia para personas mayores o con discapacidad.

Su relación con la inteligencia artificial es:

- Percepción del entorno mediante la visión artificial o sensores.
- Toma de decisiones en función de variables cambiantes.
- Aprendizaje por refuerzo o entrenamiento supervisado.

 **EJEMPLO**

Empresas de logística como Amazon usan robots inteligentes que se desplazan por los almacenes transportando productos, evitando los obstáculos y optimizando las rutas en tiempo real.

- -

Blockchain (como tecnología complementaria)

Aunque no es una tecnología de inteligencia artificial en sí misma, el *blockchain* (cadena de bloques) representa un componente clave de la transformación digital por su capacidad para garantizar la seguridad, la trazabilidad y la descentralización de la información.

Sus funciones principales son:

- Registro inmutable de datos y transacciones.
- Validación descentralizada sin necesidad de intermediarios.
- Transparencia y confianza en entornos digitales.

Su relación con la inteligencia artificial es:

- Protección de datos utilizados en modelos de inteligencia artificial.
- Auditoría de decisiones automatizadas.
- Garantía de integridad en cadenas de suministro automatizadas.

 EJEMPLO

En el sector alimentario, se utilizan sensores IoT para monitorizar la cadena de frío, inteligencia artificial para detectar riesgos de calidad y *blockchain* para registrar cada etapa del transporte, garantizando la trazabilidad completa del producto.

Convergencia tecnológica como motor de cambio

Lo verdaderamente transformador no es cada tecnología por separado, sino la sinergia entre ellas. Cuando se combinan la inteligencia artificial, el *big data,* el IoT y la robótica inteligente, se habilitan soluciones integradas que modifican de forma estructural los procesos, productos y servicios.

 EJEMPLO

Una ciudad inteligente utiliza:

- IoT para monitorizar el tráfico.
- *Big data* para analizar los patrones de movilidad.
- Inteligencia artificial para ajustar los semáforos en tiempo real.
- *Cloud computing* para procesar toda la información desde múltiples fuentes.
- *Blockchain* para garantizar la transparencia en la gestión pública.

 **RECUERDA**

La inteligencia artificial no puede desplegar todo su potencial sin el apoyo de otras tecnologías complementarias que le permitan recopilar, almacenar, procesar y actuar sobre los datos. Por eso hay que entender el entorno tecnológico más amplio del que forma parte.

2.4. Conexiones entre inteligencia artificial y transformación digital

La transformación digital es un proceso complejo que implica la reconfiguración profunda de los procesos, estructuras y modelos organizativos mediante el uso de tecnologías digitales. En este contexto, la inteligencia artificial se convierte en el motor estratégico de esa transformación, ya que permite automatizar la toma de decisiones, generar valor a partir de los datos y rediseñar completamente la interacción entre las personas, las máquinas y la información recopilada.

A continuación, te mostraremos las **conexiones más habituales** entre inteligencia artificial y transformación digital.

La inteligencia artificial como habilitadora de procesos digitales inteligentes

Uno de los principales aportes de la inteligencia artificial a la transformación digital es su capacidad para elevar la automatización a un nuevo nivel. A diferencia de los sistemas tradicionales, que siguen instrucciones rígidas, la inteligencia artificial puede adaptarse, aprender y tomar decisiones a partir de datos en tiempo real.

 **EJEMPLO**

Algunos ejemplos de procesos digitales inteligentes son:

- Sistemas de gestión documental que clasifican los archivos automáticamente según su contenido.

Continúa en página siguiente >>

<< Viene de página anterior

- Plataformas de ventas que ajustan precios dinámicamente según la demanda, la competencia y el contexto.
- Herramientas de análisis de datos que generan informes ejecutivos sin intervención humana.

Estos procesos no solo sustituyen tareas, sino que generan nuevas formas de trabajo y de toma de decisiones.

La inteligencia artificial como catalizadora del uso de datos

La digitalización ha multiplicado la generación de datos, pero, sin inteligencia artificial, la mayoría de estos datos no se aprovechan plenamente. La inteligencia artificial permite extraer valor de la información mediante los modelos que detectan patrones, hacen predicciones o revelan relaciones ocultas.

Tiene una relación directa con la transformación digital, ya que:

- ⮑ La inteligencia artificial convierte los datos en conocimiento accionable.
- ⮑ Impulsa la toma de decisiones basada en evidencia.
- ⮑ Permite a las organizaciones pasar de lo reactivo a lo proactivo y predictivo.

Esto redefine el papel de los datos: ya no son subproductos, sino activos estratégicos.

Rediseño de la experiencia del usuario

En la era digital, las organizaciones exitosas son aquellas que colocan al usuario en el centro. La inteligencia artificial permite crear experiencias personalizadas, fluidas y contextuales, lo cual es una expectativa básica en entornos digitales actuales.

Sus aplicaciones clave son:

- ⮑ Plataformas de aprendizaje que adaptan el contenido a cada estudiante
- ⮑ Interfaces conversacionales que resuelven las dudas de forma natural

- ⮩ Recomendaciones automatizadas de contenido, productos o servicios
- ⮩ Gracias a la inteligencia artificial, la digitalización no se limita a poner procesos en línea, sino que los hace más inteligentes, personalizados y centrados en el usuario.

Aceleración de la innovación y modelos de negocio

La inteligencia artificial no solo mejora los procesos existentes; también abre nuevas posibilidades de negocio y de innovación. En combinación con la digitalización, permite:

- ⮩ Crear productos inteligentes que aprenden y se adaptan.
- ⮩ Ofrecer servicios bajo demanda basados en datos.
- ⮩ Generar modelos de negocio basados en plataformas y algoritmos.

 **EJEMPLO**

Empresas que ofrecen "inteligencia artificial como servicio" (AIaaS), permitiendo que las organizaciones de todo tipo accedan a herramientas avanzadas sin necesidad de desarrollarlas internamente.

Cultura organizacional y cambio digital

La implementación de la inteligencia artificial requiere más que infraestructura: exige un cambio cultural. Esto se alinea con la transformación digital, que debe ser técnica, organizativa y personal.

Algunos aspectos culturales clave son:

- ⮩ Tolerancia al error y apertura al aprendizaje continuo.
- ⮩ Trabajo colaborativo entre áreas técnicas y de negocio.
- ⮩ Toma de decisiones basada en datos más que en jerarquías o intuiciones.

La inteligencia artificial impulsa esta transformación cultural al desafiar estructuras tradicionales y fomentar nuevas formas de pensar, liderar y trabajar.

Sinergia con otras tecnologías

La efectividad de la inteligencia artificial depende de cómo se conecta con otras tecnologías digitales. Esta interdependencia es uno de los rasgos más característicos de la transformación digital.

 **EJEMPLO**

En una fábrica digital, los sensores (IoT) captan los datos del proceso de producción, una plataforma en la nube los almacena, la inteligencia artificial analiza esos datos para prever averías y la robótica inteligente ejecuta correcciones automáticas. Este tipo de integración demuestra que la inteligencia artificial es la "inteligencia" dentro de un sistema digital más amplio.

Transformación digital con propósito: ética, inclusión y sostenibilidad

La conexión entre la inteligencia artificial y la transformación digital también implica repensar los valores que guían la implementación tecnológica. No basta con ser más eficientes: también es necesario ser más justos, inclusivos y sostenibles.

Algunas conexiones clave son:

- La inteligencia artificial puede contribuir a reducir desigualdades si se diseña de forma responsable.
- Puede ayudar a alcanzar objetivos de desarrollo sostenible (predicción climática, mejora en salud pública, optimización energética).
- La transformación digital debe tener en cuenta la ética de los algoritmos, la privacidad de los datos y la transparencia en la toma de las decisiones automatizada.

IMPORTANTE

La inteligencia artificial y la transformación digital representan una oportunidad para rediseñar industrias, instituciones y modelos de vida, pero también un desafío para hacerlo con responsabilidad, con sentido y mediante una visión estratégica.

APLICACIÓN PRÁCTICA

Laura es directora de innovación en una empresa de servicios financieros. Su equipo ha desarrollado un sistema de inteligencia artificial que automatiza el análisis de grandes volúmenes de datos de los clientes para ofrecerles recomendaciones personalizadas en tiempo real. Además, están integrando este sistema con el CRM existente y con otras herramientas digitales, lo que ha reducido los tiempos de respuesta y ha mejorado el grado de satisfacción del cliente. Laura tiene que explicarle a la junta directiva cuál ha sido el principal valor estratégico de la inteligencia artificial en este proyecto. ¿Cuál de los conceptos estudiados describe mejor el rol que ha tomado la inteligencia artificial en este ejemplo?

Solución

El concepto de inteligencia artificial que mejor describe este caso es "la inteligencia artificial como catalizadora del uso de datos", ya que se quiere utilizar la inteligencia artificial para extraer valor directamente de grandes volúmenes de datos de clientes, automatizando su análisis y generando recomendaciones personalizadas. Este uso estratégico convierte los datos en elementos clave para la toma de decisiones y mejora de servicios, que es precisamente lo que se entiende por "IA como catalizadora del uso de datos".

---

3. Anticipación de las innovaciones asociadas a la inteligencia artificial

☞ HILO CONDUCTOR

María y Pedro explorarán las innovaciones que han ido apareciendo con la incorporación de la inteligencia artificial a los procesos, como la automatización avanzada, los asistentes inteligentes o los sistemas predictivos. Comprenderán que estas tecnologías están transformando distintos sectores clave y requieren el desarrollo de nuevas habilidades personales y profesionales para adaptarse al cambio.

Aunque la inteligencia artificial se ha consolidado en múltiples sectores, es una tecnología que está en constante evolución, de forma que sus avances están ampliando capacidades, abriendo nuevas posibilidades que hasta hace poco eran consideradas ciencia ficción. Entender las innovaciones y anticiparse a sus posibles aplicaciones es útil para adaptarse al cambio y para tomar decisiones estratégicas.

Anticiparse a las innovaciones de la inteligencia artificial implica mirar más allá de las herramientas actuales y reflexionar sobre cómo están evolucionando los algoritmos, los modelos de aprendizaje, las formas de interacción con los usuarios y los marcos éticos y legales. Además, permite identificar las oportunidades de creación de valor y los riesgos sociales y organizativos que deben gestionarse responsablemente.

PARA SABER MÁS

En el siguiente enlace encontrarás un resumen de los principios, compromisos y políticas que guían el uso responsable y transparente de la inteligencia artificial en *Telefónica,* con un enfoque en derechos, ética y sostenibilidad.

Continúa en página siguiente >>

<< Viene de página anterior

https://redirectoronline.com/ifct1170202

3.1. Avances tecnológicos emergentes

Los avances más recientes de la inteligencia artificial están ampliando sus capacidades de manera exponencial y transformando tanto su alcance como su aplicación en múltiples sectores. El desarrollo de nuevos modelos, como los fundacionales y generativos, junto con arquitecturas más profundas y eficientes, ha permitido a la inteligencia artificial desarrollar tareas que antes se consideraban exclusivas del razonamiento personal, como la generación de texto, imágenes, código o decisiones complejas en tiempo real. Asimismo, las mejoras en los métodos de entrenamiento, incluyendo el aprendizaje autosupervisado, el aprendizaje por refuerzo y la transferencia de conocimiento, están provocando que los sistemas sean más rápidos, precisos y adaptables a diferentes contextos.

La expansión de los entornos de uso accesibles, como las interfaces conversacionales, las plataformas *low-code* o las herramientas integradas en la nube, han democratizado la inteligencia artificial, acercándola a las personas que carecen de un perfil técnico. Todo esto está provocando que se pueda modificar lo que hace la inteligencia artificial, la manera en que lo hace, quién puede usarla y evaluar las consecuencias sociales, éticas y laborales de su uso. Estos cambios implican una actualización constante del conocimiento y un uso responsable de estas herramientas.

Algunas líneas tecnológicas emergentes que están marcando el rumbo de la inteligencia artificial actualmente son:

➲ **Inteligencia artificial generativa:** la inteligencia artificial generativa es una de las innovaciones más visibles y disruptivas de los últimos años. Se refiere a los modelos capaces de crear contenido original, como texto, imágenes, música, audio o vídeo, a partir de instrucciones o ejemplos.

◑ **Tecnologías clave:**

↕ Modelos de difusión (como *DALL·E* o *Midjourney).*
↕ Redes generativas adversariales (GAN).
↕ Modelos de lenguaje de gran escala (LLM), como *ChatGPT, Claude* o *Gemini.*

◑ **Aplicaciones actuales:**

↕ Generación automática de informes o textos creativos.
↕ Creación de imágenes publicitarias o ilustraciones.
↕ Composición musical, doblaje de voz y síntesis de vídeo.
↕ Diseño asistido en arquitectura, moda o videojuegos.

◑ **Implicaciones:**

↕ Ahorro de tiempo en tareas creativas.
↕ Democratización del acceso a herramientas de producción de contenido.
↕ Riesgos de desinformación *(deepfakes),* propiedad intelectual y autenticidad.
↕ Modelos fundacionales y multimodales.

➲ **Modelos fundacionales y multimodales:** los modelos fundacionales *(foundation models)* son redes neuronales entrenadas con grandes volúmenes de datos para ser reutilizadas en múltiples tareas. Estos modelos son versátiles y adaptables, lo que permite una implementación más eficiente de la inteligencia artificial en contextos diversos

◑ **Ejemplos:**

↕ *GPT (OpenAI), PaLM (Google), LLaMA (Meta).*
↕ *GPT-4o y Claude 3:* modelos multimodales que combinan texto, imagen y audio.

◑ **Innovaciones destacadas:**

↕ **Multimodalidad:** procesamiento simultáneo de distintos tipos de datos (texto, voz, imágenes, vídeo).
↕ **Razonamiento contextual:** capacidad para entender preguntas complejas o ambiguas.
↕ **Aprendizaje por pocas muestras** *(few-shot learning):* necesitan menos datos etiquetados para aprender.

◑ Impacto:

- ⇕ Mayor flexibilidad en el uso de la inteligencia artificial en diferentes industrias.
- ⇕ Interacción más natural y rica entre humanos y máquinas.
- ⇕ Desafíos en transparencia, control y seguridad del comportamiento emergente de estos modelos.

➲ *Edge AI* **(IA en el borde):** el desarrollo de *Edge AI* permite que los algoritmos de inteligencia artificial se ejecuten directamente en dispositivos locales como teléfonos, sensores, cámaras o vehículos sin depender de la nube.

◑ Ventajas clave:

- ⇕ Reducción de la latencia (tiempo de respuesta).
- ⇕ Mayor privacidad (procesamiento local de datos sensibles).
- ⇕ Menor consumo de ancho de banda.

◑ Aplicaciones:

- ⇕ Cámaras inteligentes que detectan intrusos sin conexión a internet.
- ⇕ Dispositivos portátiles de salud que analizan signos vitales en tiempo real.
- ⇕ Vehículos que toman decisiones sin depender de servidores remotos.

◑ Desafíos:

- ⇕ Limitaciones de *hardware*.
- ⇕ Necesidad de optimización de modelos (inteligencia artificial ligera).
- ⇕ Actualización segura de algoritmos en entornos distribuidos.

➲ **Agentes autónomos y autoejecutables:** se están desarrollando inteligencias artificiales con mayor autonomía, capaces de plantearse objetivos, dividirlos en subtareas y ejecutar acciones sin supervisión continua. Estos sistemas se conocen como agentes de inteligencia artificial.

◑ Tecnologías asociadas:

- ⇕ *AutoGPT, BabyAGI, Agent-LLM.*
- ⇕ *Arquitecturas basadas en planner-executor-feedback.*

۝ **Características:**

- ⇕ Toman decisiones encadenadas para cumplir un propósito (como investigar, redactar un informe, enviar correos).
- ⇕ Ofrecen evaluación constante del progreso hacia un objetivo.
- ⇕ Tienen capacidad para interactuar con aplicaciones externas.

۝ **Aplicaciones:**

- ⇕ Automatización avanzada de flujos de trabajo.
- ⇕ Investigación autónoma en bases de datos.
- ⇕ Asistentes personales que planifican tareas complejas.

➲ **Inteligencia artificial explicable (XAI):** A medida que se implementan sistemas de inteligencia artificial en contextos críticos (salud, justicia, finanzas), se vuelve indispensable entender cómo y por qué una inteligencia artificial toma una decisión. Esto ha impulsado el desarrollo de la inteligencia artificial explicable o interpretable.

۝ **Objetivo:** hacer visibles los procesos internos del algoritmo y facilitar la rendición de cuentas, auditoría y confianza.

۝ **Herramientas:**

- ⇕ Visualizadores de pesos y capas neuronales.
- ⇕ Modelos híbridos (IA + reglas humanas).
- ⇕ Análisis de sensibilidad y variables influyentes.

۝ **Importancia:**

- ⇕ Es esencial para el cumplimiento normativo.
- ⇕ Facilita la validación ética de decisiones automatizadas.
- ⇕ Mejora la confianza de usuarios y responsables.

➲ **Entrenamiento federado y preservación de la privacidad:** el entrenamiento federado es un enfoque que permite entrenar modelos de inteligencia artificial sin necesidad de centralizar los datos. En lugar de enviar los datos a un servidor, los modelos se entrenan en el lugar donde los datos se originan y solo comparten los aprendizajes (parámetros).

۝ **Ventajas:**

- ⇕ Mayor privacidad.
- ⇕ Menor riesgo de fuga de datos.
- ⇕ Posibilidad de aplicar IA en sectores regulados (salud, banca, educación).

◉ Aplicaciones:

- ⬍ Diagnóstico médico descentralizado.
- ⬍ Análisis de comportamiento en dispositivos móviles.
- ⬍ Inteligencia artificial en redes sociales sin acceder al contenido de los usuarios.

 VÍDEO

Este vídeo muestra cómo varía el uso de modelos de IA generativa en función de la capacidad técnica de una persona. Accede desde aquí para verlo.

https://redirectoronline.com/ifct1170203

Todos estos avances tecnológicos demuestran que la inteligencia artificial está lejos de haber alcanzado un estado estático. Su evolución actual se caracteriza por una combinación de un mayor poder de cómputo, un mejor rendimiento algorítmico y una mayor versatilidad funcional. Al mismo tiempo, plantea nuevos desafíos éticos, técnicos y sociales que deben solventarse de forma proactiva.

 IMPORTANTE

Anticiparse a estas innovaciones no significa simplemente conocerlas, sino prepararse para sus impactos: qué cambiarán en el trabajo, en la toma de decisiones, en la cultura organizacional y en la relación entre la tecnología y las personas.

3.2. Innovaciones con impacto social y económico

La transformación impulsada por la inteligencia artificial no se limita únicamente a la mejora de los procesos o al aumento de la eficiencia tecnológica. Cada innovación genera efectos estructurales profundos que reconfiguran la manera en la que las personas trabajan, aprenden, se relacionan y participan en la vida social. Estos impactos se manifiestan en múltiples niveles: en el empleo, en la automatización de las tareas y en la creación de nuevos perfiles laborales; en la educación, con modelos de aprendizaje personalizados y entornos digitales inteligentes; en la economía, mediante cambios en los modelos de negocio, en la productividad y en la generación del valor; en la cultura digital, donde se redefinen las formas de comunicación, creación y consumo de contenidos; y en la gobernanza pública, que se enfrenta al desafío de regular, supervisar y aplicar la inteligencia artificial de manera equitativa y transparente.

Esta transformación exige una lectura crítica y estratégica, no exclusivamente técnica, que permita a los profesionales anticiparse a los riesgos, aprovechar las oportunidades y participar activamente en el diseño de un futuro digital más justo, inclusivo y sostenible.

Entre las principales **implicaciones sociales y económicas** derivadas de las nuevas aplicaciones de la inteligencia artificial destacan las que te mostramos a continuación.

Transformación del empleo y aparición de nuevos perfiles

La automatización inteligente está reemplazando tareas humanas en muchos sectores. Sin embargo, también están surgiendo nuevas profesiones, que requieren competencias híbridas entre la técnica, la ética y la estrategia.

Los **efectos** más notorios son:

- Desplazamiento de trabajos operativos o repetitivos.
- Aumento de la demanda de habilidades digitales, analíticas y creativas.

En este nuevo escenario, están surgiendo **roles** que hasta hace poco eran impensables, como son los siguientes:

- Diseñador de *prompts*.
- Auditor de modelos algorítmicos.
- Entrenador de asistentes virtuales.
- Coordinador de proyectos de IA ética.

No obstante, esta transformación plantea **desafíos** importantes, tales como:

⮫ Brecha entre los trabajadores que pueden adaptarse y los que quedan excluidos.
⮫ Necesidad urgente de políticas públicas de reconversión laboral.
⮫ Riesgo de precarización si las tareas se fragmentan sin regulación.

A pesar de estos riesgos, las oportunidades también son significativas, pudiendo destacar las siguientes:

⮫ Rediseño del trabajo hacia tareas de mayor valor humano.
⮫ Reducción de carga operativa en sectores críticos como salud, educación y administración pública.

Cambios en la educación y el aprendizaje

La inteligencia artificial está modificando cómo se aprende, qué se aprende y quién facilita el aprendizaje. Desde plataformas adaptativas hasta tutores virtuales, la inteligencia artificial abre nuevas posibilidades educativas, pero también plantea riesgos.

Entre los **avances** más notables se encuentran los siguientes:

⮫ Personalización del ritmo y estilo de aprendizaje.
⮫ Diagnóstico temprano de dificultades.
⮫ Generación de contenidos accesibles y actualizados.

Sin embargo, estos avances no están exentos de **riesgos,** siendo los siguientes los más importantes:

⮫ Dependencia de plataformas privadas y algoritmos opacos.
⮫ Reducción del rol docente si no se redefine pedagógicamente.
⮫ Desigualdad en el acceso a tecnologías educativas avanzadas.

Ante este escenario, las instituciones educativas se enfrentan importantes **desafíos** tales como:

⮫ Incorporar la inteligencia artificial en los planes de estudio de forma crítica.
⮫ Formar docentes en ética, diseño y uso responsable de herramientas inteligentes.
⮫ Garantizar la alfabetización digital en todos los niveles educativos.

Concentración tecnológica y desigualdad global

Las innovaciones en inteligencia artificial están siendo impulsadas por un número reducido de corporaciones y países, lo que agrava las asimetrías existentes en el acceso al desarrollo y uso de tecnología.

Los principales problemas a los que se enfrentan son:

- Dependencia tecnológica de países en desarrollo.
- Falta de infraestructura para el uso seguro de la inteligencia artificial.
- Barreras lingüísticas y culturales en los modelos preentrenados (dominados por el inglés y por los contextos occidentales).

Todo esto plantea un riesgo cada vez más tangible: que la inteligencia artificial amplíe la brecha digital y genere una "división algorítmica" entre quienes pueden desarrollar tecnología y quienes solo la consumen.

Sin embargo, este escenario no es inevitable. Existen caminos posibles para construir una inteligencia artificial más justa e inclusiva. Es fundamental:

- Impulsar proyectos de inteligencia artificial abierta, local y participativa.
- Fomentar la cooperación internacional en ética y gobernanza de la inteligencia artificial.
- Incluir a las comunidades afectadas en el diseño y evaluación de sistemas inteligentes.

Gobernanza y nuevas formas de regulación

La velocidad del desarrollo de la inteligencia artificial ha superado la capacidad de muchas legislaciones para regular su uso de forma efectiva y protectora. Esto ha generado un movimiento global para desarrollar marcos normativos específicos.

Entre las **tendencias** actuales destacan:

- Reglamento de Inteligencia Artificial de la Unión Europea (AI Act): clasifica los sistemas por niveles de riesgo e impone obligaciones de transparencia.
- Principios éticos internacionales (UNESCO, OCDE): transparencia, justicia, inclusión, seguridad.
- Demandas ciudadanas por algoritmos explicables y responsables.

Sin embargo, regular la inteligencia artificial presenta **desafíos** complejos, algunos de ellos son:

- Hacer balance entre innovación y protección de derechos.
- Supervisar sistemas de IA sin frenar el desarrollo científico.
- Asegurar la rendición de cuentas en decisiones automatizadas.

Para enfrentar estos retos, están surgiendo nuevas formas de gobernanza que buscan democratizar el control sobre la inteligencia artificial. Algunas de estas formas son:

- Participación ciudadana en la validación de los algoritmos.
- Auditorías externas de los sistemas de inteligencia artificial.
- Inclusión de comités éticos en proyectos tecnológicos.

Cultura digital, subjetividad y relación con la verdad

La inteligencia artificial también transforma la forma en que las personas perciben la información, se relacionan entre sí y se entienden a sí mismas. La capacidad de generar texto, voz e imagen indistinguibles de los originales plantea nuevos dilemas.

Algunos de los **riesgos** más evidentes son:

- Desinformación masiva (*deepfakes,* noticias falsas).
- Desconfianza en las imágenes, vídeos o audios como fuentes de prueba.
- Dilución de la autoría y la autenticidad.

Estas transformaciones también provocan **nuevas dinámicas** en el ámbito creativo y profesional. Algunas de ellas son:

- Reconfiguración del trabajo creativo (¿quién es el autor?).
- Crisis de identidad profesional ante modelos que emulan el conocimiento experto.
- Necesidad de desarrollar pensamiento crítico digital desde la educación temprana.

Sostenibilidad y crisis climática

Aunque muchas veces se considera ajena, la inteligencia artificial puede contribuir, positiva o negativamente, al cumplimiento de los objetivos de desarrollo sostenible.

Entre su **potencial más positivo,** más destacado, se encuentra:

➲ Optimización de sistemas energéticos.
➲ Predicción de fenómenos climáticos extremos.
➲ Reducción de desperdicio en cadenas de suministro.

Sin embargo, también surgen **problemas importantes** relacionados con su uso. Algunos de ellos son:

➲ Alto consumo energético del entrenamiento de modelos de gran escala.
➲ Uso de recursos naturales para mantener centros de datos.
➲ Impacto ambiental de la infraestructura tecnológica.

Para avanzar hacia una **inteligencia artificial sostenible** es necesario:

➲ Fomento de modelos más eficientes energéticamente.
➲ Evaluación del impacto ambiental en cada desarrollo.
➲ Integración de la sostenibilidad en las políticas de innovación.

 **IMPORTANTE**

Las innovaciones de la inteligencia artificial están generando una transformación multidimensional: no solo cambian lo que hacemos, sino cómo lo hacemos, por qué lo hacemos y con quién lo hacemos. La tecnología, lejos de ser neutral, refleja y amplifica las intenciones humanas, por lo que cada innovación debe ser evaluada en función de sus impactos sociales y económicos.

Herramientas emergentes y plataformas clave

Para anticipar el futuro de la inteligencia artificial, no basta con comprender sus principios tecnológicos o reflexionar sobre su impacto social. Es fundamental conocer y explorar las herramientas que están siendo utilizadas a nivel global en los entornos reales. Estas plataformas, como asistentes virtuales, generadores de contenido, sistemas de análisis predictivo o aplicaciones de visión artificial, además de mostrar las tendencias emergentes, también están permitiendo que las organizaciones de todos los tamaños y sectores integren la inteligencia artificial en su día a día.

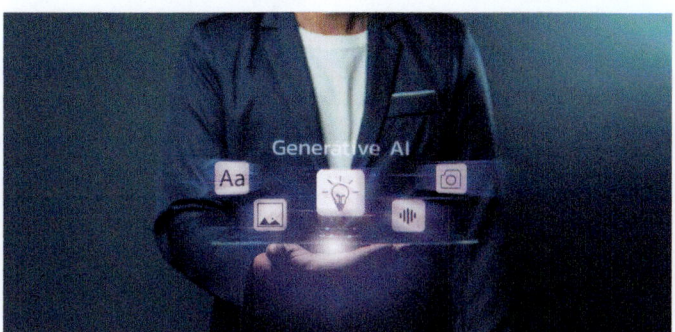

La inteligencia artificial generativa ha tenido un impacto grande en el sector del marketing con la creación de imágenes, textos y contenidos.

Este acceso más amplio a la tecnología contribuye a su democratización, facilitando que los profesionales, los emprendedores y las administraciones públicas incorporen soluciones inteligentes sin necesidad de contar con conocimientos técnicos avanzados. Al familiarizarse con estas herramientas, los usuarios, además de adquirir habilidades prácticas, también desarrollan una visión estratégica y realista del futuro laboral, marcada por la transformación digital y el aprendizaje continuo.

A continuación, te mostramos algunas de las **herramientas más relevantes** agrupadas en distintas categorías.

Plataformas de IA generativa

Estas herramientas permiten crear textos, imágenes, audios o vídeos a partir de descripciones, indicaciones o ejemplos. Mostramos algunas de ellas:

Texto	Imagen
- ***ChatGPT*** *(OpenAI):* generación de texto, redacción, resúmenes, traducción, tutoría virtual. - ***Claude*** *(Anthropic):* enfoque en seguridad, ética y calidad de texto. - ***Jasper AI:*** especializado en *marketing* y redacción de contenidos comerciales.	- ***DALL·E*** *(OpenAI):* creación de imágenes a partir de descripciones textuales. - ***Midjourney:*** generación artística con enfoque visual avanzado. - ***Adobe Firefly:*** integrado en el ecosistema creativo de *Adobe.*

Continúa en página siguiente >>

<< Viene de página anterior

Audio y vídeo
- **ElevenLabs:** clonación de voz y generación de audio realista. - **Runway ML:** edición de vídeo con inteligencia artificial, creación de animaciones y efectos visuales. - **Synthesia:** generación de vídeos con presentadores virtuales realistas.

Herramientas de automatización inteligente

Estas plataformas permiten automatizar procesos mediante la inteligencia artificial y conectar múltiples aplicaciones sin necesidad de saber programar. Algunas de ellas son:

- **Zapier + OpenAI:** integración de automatización con generación de contenido, clasificación, resumen o análisis de datos.
- **Make:** flujo de trabajo visual que combina la inteligencia artificial con tareas repetitivas.
- **Notion AI:** integración de la inteligencia artificial en la gestión del conocimiento y las tareas personales.

Plataformas de análisis de datos y visualización asistida

Permiten a los usuarios no técnicos analizar grandes volúmenes de información, crear visualizaciones y tomar decisiones basadas en datos.

Algunos ejemplos son:

- **Power BI + Copilot:** asistentes integrados que explican *dashboards* y generan análisis de forma conversacional.
- **Google Looker Studio:** integración con *BigQuery* y análisis predictivo.
- **Tableau GPT:** nueva integración de inteligencia artificial para interpretación y generación automática de reportes.

Entornos de desarrollo de modelos de IA

Estas plataformas están diseñadas para que investigadores y desarrolladores puedan entrenar, compartir y desplegar modelos de inteligencia artificial. Podemos destacar las siguientes:

- **Hugging Face:** repositorio de modelos *open-source* de NLP, visión, audio y más. Colaboración abierta con miles de desarrolladores.
- **Google Vertex AI:** plataforma empresarial para entrenamiento, evaluación y escalado de modelos.
- **Microsoft Azure OpenAI:** ofrece acceso a modelos como *GPT-4* en entornos empresariales seguros.

Agentes autónomos y asistentes avanzados

Estos sistemas pueden tomar decisiones, planificar tareas y ejecutar acciones con una intervención humana mínima. Algunos ejemplos son los siguientes:

- **AutoGPT:** agente que puede dividir un objetivo en subtareas y ejecutarlas secuencialmente.
- **AgentGPT:** versión basada en navegador con interfaz más accesible.
- **LangChain:** *framework* para construir agentes conversacionales complejos conectados a bases de datos o API externas.

Plataformas para la educación y el aprendizaje personalizado

La inteligencia artificial se está integrando cada vez más en el ámbito educativo mediante asistentes, tutores inteligentes y generadores de contenido formativo. Ejemplos de estos asistentes son:

- **Khanmigo (Khan Academy):** tutor conversacional basado en GPT para explicar temas educativos.
- **Duolingo Max:** versión de la *app* de idiomas con funciones de conversación en tiempo real.
- **Socratic (Google):** aplicación móvil que ayuda a resolver problemas y explicar conceptos.

Herramientas para programación y desarrollo asistido

El desarrollo de *software* también está siendo transformado por herramientas de inteligencia artificial que completan código, detectan errores o explican funciones. Algunas de estas herramientas son:

- **GitHub Copilot:** generación de código en tiempo real dentro de editores como *VS Code.*
- **Codeium:** alternativa gratuita para autocompletado inteligente.
- **Replit Ghostwriter:** entorno de desarrollo completo con ayuda de la inteligencia artificial integrada.

ACTIVIDAD COMPLEMENTARIA

2. Investiga en fuentes externas sobre la manera en la que se integra la inteligencia artificial con otras tecnologías (como el *big data,* la nube, el internet de las cosas y la robótica) para generar procesos de transformación digital en las empresas.

Realiza un pequeño resumen con los datos obtenidos, mencionando al menos dos tecnologías complementarias a la inteligencia artificial y cómo interactúan entre sí, destacando lo siguiente:

- ¿Qué tecnologías emergentes se relacionan más frecuentemente con la inteligencia artificial?
- ¿Qué beneficios genera esta sinergia en las empresas?
- ¿Qué desafíos humanos, organizativos o éticos surgen en este nuevo ecosistema?

4. Descripción del estilo de liderazgo necesario para proyectos de conocimiento, ciencia de datos e inteligencia artificial

☞ HILO CONDUCTOR

María y Pedro dudan del perfil de liderazgo que se debe mantener en un equipo de trabajo que incorpore la inteligencia artificial. Tienen claro que, al igual que sucede en los proyectos en los que trabajan, se requiere un liderazgo colaborativo, adaptable y orientado a la innovación. Ambos establecen que, entre los distintos aspectos a controlar, se encuentra el fomento del trabajo en equipo, el pensamiento crítico y la toma de decisiones basada en datos, promoviendo una cultura abierta y respetuosa con el aprendizaje continuo.

La inteligencia artificial, la ciencia de datos y los proyectos basados en el conocimiento no solo requieren de capacidades técnicas, sino que también demandan un nuevo enfoque de liderazgo. Las decisiones en estos entornos no son únicamente sobre la tecnología, sino sobre las personas, la ética, la cultura organizacional y la estrategia. Por ello, los líderes de esta nueva era deben combinar el pensamiento analítico con la visión humanista, las habilidades digitales con la inteligencia emocional, y la capacidad de adaptación con el sentido crítico.

La naturaleza cambiante, compleja y multidisciplinar de los proyectos que integran la inteligencia artificial y la ciencia de datos exige estilos de liderazgo que rompan con la rigidez jerárquica tradicional. Se necesita un liderazgo que facilite la colaboración, promueva la experimentación y fomente el aprendizaje continuo. En este contexto, el liderazgo ya no se basa en el control, sino en la inspiración, la coordinación y en la toma de decisiones basada en las evidencias.

4.1. Características clave del liderazgo en los proyectos de inteligencia artificial y en la ciencia de datos

Los proyectos vinculados a la inteligencia artificial y a la ciencia de datos presentan particularidades que desafían a los modelos tradicionales de liderazgo. Suelen implicar alta complejidad tecnológica, ciclos de desarrollo ágiles, uso intensivo de datos sensibles y una fuerte dimensión ética. Esto exige estilos de liderazgo adaptativos, capaces no solo de analizar los aspectos técnicos, sino también de fomentar la colaboración interdisciplinar, facilitar el diálogo entre perfiles diversos (científicos de datos, diseñadores, responsables legales, usuarios) y anticiparse a las implicaciones de cada decisión.

En este contexto, liderar no consiste exclusivamente en coordinar un equipo técnico, sino en articular conocimiento, estrategia, personas y responsabilidad social. Se requiere una visión integradora que combine el pensamiento analítico y promueva entornos de confianza, innovación y propósito compartido. El liderazgo dentro de la inteligencia artificial no es meramente una función organizativa: es una competencia clave para guiar los procesos transformadores con criterios éticos y sentido estratégico.

Entre las **principales características** que debe tener un liderazgo eficaz en este tipo de entornos destacan:

⮥ **Visión estratégica y pensamiento sistémico:** un líder en inteligencia artificial necesita tener una comprensión global del propósito del proyecto y su impacto a largo plazo. No basta con saber qué hace un algoritmo, sino que debe entender cómo esa herramienta transforma procesos, afecta a las personas y genera valor en el sistema completo. Los elementos clave de este liderazgo son:

   ◑ Visualizar cómo la inteligencia artificial contribuye a los objetivos organizacionales.
   ◑ Identificar riesgos estratégicos y oportunidades de innovación.
   ◑ Entender la relación entre tecnología, negocio, cultura y ética.

⮥ **Toma de decisiones basada en datos:** el liderazgo en ciencia de datos implica una fuerte orientación a la toma de decisiones fundamentada en evidencia. Esto requiere interpretar correctamente métricas, resultados estadísticos y predicciones automatizadas. Así, las competencias necesarias son:

   ◑ Comprender los principios básicos de análisis de datos.
   ◑ Promover la transparencia en la interpretación de resultados.
   ◑ Equilibrar los datos cuantitativos con un juicio cualitativo y la experiencia contextual.

⮥ **Capacidad de liderar equipos interdisciplinarios:** los proyectos de inteligencia artificial y datos reúnen perfiles muy diversos: científicos de datos, ingenieros, diseñadores UX, comunicadores, expertos en negocio, responsables éticos o legales. El líder debe conectar disciplinas, generar lenguaje común y facilitar colaboración. Requiere:

- Habilidades comunicativas adaptadas a distintos perfiles.
- Gestión de conflictos entre visiones técnicas y organizacionales.
- Promoción de la confianza y el respeto mutuo en equipos diversos.

- **Cultura de aprendizaje continuo:** dado que la inteligencia artificial evoluciona rápidamente, el líder debe ser un agente activo de aprendizaje para sí mismo y su equipo. También debe promover una cultura organizacional que favorezca la formación continua y el pensamiento crítico. Las acciones recomendadas son:

  - Facilitar espacios de formación y exploración tecnológica.
  - Aprender de los errores sin penalizarlos excesivamente.
  - Incentivar el intercambio de conocimientos dentro del equipo.

- **Ética y responsabilidad:** las decisiones tomadas en los proyectos de inteligencia artificial pueden tener impactos éticos significativos (sesgos, exclusión, vigilancia, decisiones automatizadas). El líder debe asumir la responsabilidad ética de las decisiones algorítmicas y fomentar la rendición de cuentas. Las dimensiones clave son:

  - Evaluar los impactos sociales y legales de los modelos utilizados.
  - Consultar con actores afectados por las decisiones tecnológicas.
  - Establecer criterios claros de justicia, transparencia y no discriminación.

- **Habilidad para traducir entre lo técnico y lo estratégico:** el líder debe ser un puente entre el mundo técnico y el mundo organizacional. Esto implica traducir las posibilidades y limitaciones de la inteligencia artificial a términos comprensibles y útiles para los tomadores de decisiones. Por ejemplo:

  - Explicar qué significa una predicción con un 85 % de precisión y sus límites.
  - Justificar la necesidad de más datos o de mayor inversión en infraestructura.
  - Identificar cuándo un modelo es útil y cuándo puede generar daño o error.

- **Adaptabilidad al cambio y gestión de la incertidumbre:** la inteligencia artificial es una tecnología emergente y en constante transformación. El liderazgo debe ser ágil, flexible y resiliente, capaz de adaptarse a nuevos escenarios, asumir riesgos razonables y gestionar entornos de incertidumbre. Se recomiendan las siguientes prácticas:

ᴗ Fomentar ciclos de prueba y mejora continua (iteración).
ᴗ No aferrarse a soluciones únicas o permanentes.
ᴗ Estar dispuesto a rediseñar procesos cuando la evidencia lo justifique.

⮑ **Habilidad para influir sin imponer:** en los entornos de alto conocimiento, la autoridad no se gana por jerarquía, sino por credibilidad, coherencia y capacidad de articulación. El líder debe inspirar, motivar y convencer, más que controlar. Los elementos clave son:

ᴗ La escucha activa y empática.
ᴗ La coherencia entre discurso y acción.
ᴗ La capacidad para construir una visión compartida.

4.2. Enfoques de liderazgo adaptados al contexto tecnológico

La transformación digital y el uso creciente de la inteligencia artificial están cambiando los modos de trabajo y la organización de las empresas y sectores. La velocidad del cambio tecnológico, la incorporación de nuevos perfiles en los equipos y la complejidad de los datos obligan a repensar los modos de liderar. En este nuevo escenario, no todos los estilos de liderazgo resultan igualmente efectivos. Los modelos jerárquicos, rígidos o basados exclusivamente en la autoridad técnica tienden a ser insuficientes frente a los entornos que exigen de una adaptación constante, una colaboración horizontal y una toma de decisiones con impacto social.

Cada vez se vuelven más necesarios liderazgos flexibles, participativos, éticos y orientados al aprendizaje continuo. Estos enfoques, además de promover la eficiencia, también se apoyan en la confianza, la innovación y la cohesión de los equipos.

Entre los principales modelos de liderazgo que mejor se ajustan a las exigencias de los proyectos vinculados con la ciencia de datos y la inteligencia artificial destacan:

⮑ **Liderazgo transformacional:** el liderazgo transformacional se basa en la capacidad del líder para inspirar y motivar a los equipos hacia un propósito común, más allá de las metas individuales o inmediatas. Es especialmente útil en los entornos de innovación. Sus características son:

ᴗ Promueve la visión compartida y el compromiso con el cambio.
ᴗ Estimula la creatividad y el pensamiento disruptivo.
ᴗ Motiva desde el ejemplo, la coherencia y el entusiasmo.

Aplicado a la inteligencia artificial aporta los siguientes beneficios:

- Es ideal para liderar procesos de cambio cultural en la adopción de tecnologías.
- Favorece la aceptación de nuevas formas de trabajo basadas en datos.
- Estimula la participación de distintos perfiles en la innovación.

➲ **Liderazgo ético:** en los proyectos de inteligencia artificial, donde las decisiones pueden tener implicaciones sociales profundas, el liderazgo ético es fundamental. Este modelo se basa en la responsabilidad, la equidad y la transparencia. Sus características son:

- Promueve decisiones alineadas con valores humanistas.
- Evalúa los impactos sociales, legales y ambientales de las soluciones tecnológicas.
- Fomenta la participación de actores diversos en la toma de decisiones.

Aporta a la inteligencia artificial los siguientes beneficios:

- Es útil en proyectos que manejan datos sensibles o poblaciones vulnerables.
- Facilita la implementación de principios como la no discriminación algorítmica.
- Contribuye a fortalecer la confianza organizacional y pública.

➲ **Liderazgo ágil** *(agile leadership):* el liderazgo ágil está orientado a responder rápidamente al cambio, fomentar la experimentación y trabajar de forma iterativa. Es un enfoque práctico en contextos de alta incertidumbre tecnológica. Sus características son:

- Promueve ciclos cortos de prueba, retroalimentación y mejora.
- Estimula la autonomía de los equipos multidisciplinarios.
- Enfatiza la colaboración por encima del control jerárquico.

Es adecuado para entornos donde los requerimientos evolucionan con rapidez, compatible con metodologías como *Scrum* o *DevOps* en desarrollo de modelos y favorece la innovación continua y la adaptabilidad.

➲ **Liderazgo colaborativo:** este modelo enfatiza la horizontalidad en la toma de decisiones, el diálogo y la construcción colectiva de soluciones. En los entornos de inteligencia artificial, donde convergen expertos de múltiples disciplinas, este enfoque es especialmente valioso. Entre sus características clave destacan:

◐ Facilita el trabajo interdisciplinario.
◐ Distribuye el poder y reconoce el saber colectivo.
◐ Promueve un entorno de confianza y corresponsabilidad.

Aplicado a la inteligencia artificial, aporta las siguientes ventajas:

◐ Fomenta una cultura organizativa donde todos los perfiles aportan valor.
◐ Reduce la resistencia al cambio al integrar visiones diversas.
◐ Mejora la comprensión mutua entre lo técnico, lo organizativo y lo social.

➲ **Liderazgo basado en datos** (*data-driven leadership*): este tipo de liderazgo toma decisiones guiadas por evidencia cuantitativa y cualitativa, sin renunciar al juicio humano. Es ideal para entornos donde se manejan grandes volúmenes de datos. Sus características clave son:

◐ Integra herramientas analíticas en los procesos de gestión.
◐ Promueve la transparencia y la trazabilidad de las decisiones.
◐ Valora tanto la interpretación de datos como el contexto humano.

Aporta a la inteligencia artificial los siguientes beneficios:

◐ Permite validar el impacto real de las soluciones inteligentes.
◐ Ayuda a justificar inversiones y mejoras basadas en resultados.
◐ Fomenta una cultura organizacional orientada a la medición del desempeño.

➲ **Liderazgo adaptativo:** el liderazgo adaptativo reconoce que no hay soluciones únicas en contextos complejos. Se basa en la capacidad de leer el entorno, reformular estrategias y movilizar a las personas ante lo incierto. Sus características principales son:

◐ Escucha activa y lectura contextual.
◐ Capacidad para gestionar tensiones y dilemas.
◐ Apertura al cambio de paradigma cuando es necesario.

En cuanto a su aplicación en la inteligencia artificial, destacamos:

◐ Es clave para liderar proyectos en los que hay incertidumbre tecnológica o ambigüedad regulatoria.
◐ Ayuda a equilibrar las necesidades de innovación con las exigencias éticas.
◐ Potencia la resiliencia organizacional en procesos de transformación.

IMPORTANTE

Cada uno de los enfoques de liderazgo responde a distintos modelos de liderazgo, pero son complementarios entre ellos cuando se trabaja sobre proyectos de inteligencia artificial y ciencia de datos. No se trata de elegir un único modelo, sino de desarrollar una capacidad de liderazgo híbrido, que integre inspiración, adaptabilidad, pensamiento ético y orientación a resultados.

4.3. Competencias personales del líder en inteligencia artificial y ciencia de datos

Aunque el dominio técnico es importante, los verdaderos retos suelen surgir en las dimensiones organizativas, humanas, éticas y culturales que afectan directamente a la viabilidad y al impacto de las tareas. La complejidad de estos proyectos, principalmente por su carácter interdisciplinario, por el uso intensivo de datos, por la necesidad de adaptación constante y por la sensibilidad de sus aplicaciones, plantea tensiones y obstáculos a los que los líderes deben anticiparse y que deben gestionar correctamente.

Entre estos desafíos se encuentran la dificultad para alinear a equipos diversos, la resistencia al cambio por parte de las estructuras tradicionales, la gestión de las expectativas sobre lo que la inteligencia artificial puede ofrecer realmente, los riesgos asociados al sesgo algorítmico o la presión por resultados rápidos sin suficiente validación ética.

Entre los **problemas más frecuentes** a los que se enfrentan los líderes de los proyectos de inteligencia artificial y ciencia de datos, destacan:

➲ **Brecha entre lo técnico y lo estratégico:** uno de los desafíos más recurrentes es la desconexión entre el equipo técnico y la dirección estratégica. Los desarrolladores se enfocan en la precisión de los modelos, mientras que los líderes organizacionales piensan en resultados, impacto o retorno de inversión.

 ◑ Consecuencias:

 ⇕ Incomprensión mutua entre áreas.
 ⇕ Soluciones técnicamente buenas pero irrelevantes para el negocio.
 ⇕ Pérdida de tiempo y de recursos por falta de alineación.

◑ Estrategia:

- ◈ Fomentar perfiles puente (por ejemplo, científicos de datos con visión de negocio).
- ◈ Traducir objetivos técnicos a indicadores estratégicos comprensibles.
- ◈ Realizar reuniones regulares de alineación con lenguaje claro y común.

➲ **Dificultad para gestionar la incertidumbre:** la inteligencia artificial es una tecnología que evoluciona rápidamente y cuyos resultados no siempre son predecibles. Esto puede generar inseguridad en los líderes y resistencia en las organizaciones.

◑ Consecuencias:

- ◈ Parálisis por análisis.
- ◈ Miedo al error o al cambio.
- ◈ Evitación de decisiones difíciles.

◑ Estrategia:

- ◈ Adoptar una cultura de experimentación y mejora continua.
- ◈ Aceptar que el fracaso forma parte del proceso de innovación.
- ◈ Promover marcos ágiles que permitan adaptarse sobre la marcha.

➲ **Falta de talento interdisciplinario:** muchas organizaciones carecen de los perfiles necesarios para abordar la inteligencia artificial de forma integral: científicos de datos, ingenieros, diseñadores, analistas de negocio, expertos legales y éticos.

◑ Consecuencias:

- ◈ Sobrecarga de perfiles técnicos.
- ◈ Falta de perspectiva ética o comunicacional.
- ◈ Dificultades para integrar soluciones en procesos reales.

◑ Estrategia:

- ◈ Invertir en formación continua y reconversión de talento interno.
- ◈ Fomentar la diversidad de equipos y el trabajo colaborativo.
- ◈ Establecer alianzas externas con expertos o instituciones especializadas.

➲ **Desalineación entre expectativas y resultados:** es común que las expectativas sobre lo que la inteligencia artificial puede hacer estén infladas o malentendidas. Esto genera frustración cuando los resultados no son espectaculares o inmediatos.

 ◑ Consecuencias:

  ⇕ Desconfianza en la tecnología.
  ⇕ Abandono prematuro de proyectos.
  ⇕ Presión excesiva sobre los equipos técnicos.

 ◑ Estrategia:

  ⇕ Comunicar de forma clara y realista los alcances del proyecto.
  ⇕ Mostrar resultados tempranos (prototipos, pilotos).
  ⇕ Construir confianza progresivamente a través de evidencia.

➲ **Gestión ética y social de los impactos:** muchos líderes no están preparados para enfrentarse a los dilemas éticos que emergen al automatizar decisiones, usar datos personales o reemplazar tareas humanas.

 ◑ Consecuencias:

  ⇕ Riesgos legales y reputacionales.
  ⇕ Rechazo social o interno.
  ⇕ Desigualdades amplificadas por la tecnología.

 ◑ Estrategia:

  ⇕ Incorporar marcos éticos desde el inicio del proyecto.
  ⇕ Involucrar a usuarios y comunidades afectadas.
  ⇕ Diseñar protocolos de revisión, evaluación y auditoría de modelos.

➲ **Integración de la IA en procesos organizativos:** un desafío clave no es solo desarrollar una solución de inteligencia artificial, sino lograr que se adopte, se use y se integre de forma sostenible en los procesos cotidianos.

 ◑ Problemas típicos:

  ⇕ Resistencia al cambio.
  ⇕ Falta de formación en el uso de la herramienta.
  ⇕ Incompatibilidad con flujos de trabajo existentes.

- Estrategia:
  - Incluir a los usuarios finales en el diseño y validación.
  - Acompañar el despliegue con capacitación práctica.
  - Medir el impacto real para ajustar e iterar cuando sea necesario.

- **Sostenibilidad y escalabilidad del proyecto:** algunos proyectos de inteligencia artificial funcionan bien como pilotos, pero fracasan al intentar escalar o sostenerse en el tiempo, ya sea por falta de recursos, gobernanza o estrategia.
  - Riesgos:
    - Proyectos que se abandonan tras la fase experimental.
    - Dificultad para mantener y actualizar modelos en producción.
    - Falta de retorno claro de la inversión.
  - Estrategia:
    - Diseñar pensando desde el inicio en la escalabilidad.
    - Asignar recursos para el mantenimiento y la mejora continua.
    - Establecer indicadores de éxito vinculados al valor generado.

Liderar los proyectos de inteligencia artificial no es sencillo. Requiere un equilibrio entre los intereses técnicos, humanos, estratégicos y sociales en un entorno dinámico. Los desafíos son reales, pero también lo son las oportunidades: la inteligencia artificial tiene el potencial de transformar positivamente la forma en la que las organizaciones aprenden, crean y deciden.

RECUERDA

Liderar un proyecto en la era de los datos no consiste solo en saber de tecnología, sino que también se debe acompañar a las personas en los procesos de transformación profunda.

4.4. Estilos de liderazgo según el tipo de proyecto

No todos los proyectos basados en la inteligencia artificial, en la ciencia de datos o en la gestión del conocimiento requieren el mismo tipo de liderazgo. La naturaleza del problema a resolver, el nivel de incertidumbre tecnológica, el grado de autonomía del equipo, los objetivos estratégicos y el estado de madurez del proyecto son factores que influyen directamente en el enfoque de liderazgo más adecuado. Liderar un proyecto experimental no implica las mismas demandas que escalar una solución consolidada o gestionar una infraestructura de datos crítica.

Los equipos de trabajo que utilizan la inteligencia artificial necesitan perfiles técnicos, éticos y organizativos.

Un liderazgo efectivo en estos entornos es el que se adapta al contexto, a las condiciones cambiantes del entorno digital y, sobre todo, a las personas involucradas. Supone reconocer cuándo es necesario guiar de forma más cercana y analizar cuándo se puede delegar, cuándo fomentar la innovación abierta y cuándo asegurar el cumplimiento de los estándares éticos y técnicos. Este tipo de liderazgo no impone una única forma de hacer, sino que maximiza el potencial del equipo y de la tecnología, creando las condiciones para el aprendizaje, la confianza y la toma de decisiones compartida.

A continuación, se agrupan los distintos tipos de liderazgo atendiendo a las etapas por las que pasan los proyectos:

⇨ **Proyectos de investigación o exploración (fase temprana):** estos proyectos se centran en experimentar con nuevas tecnologías, probar hipótesis o desarrollar prototipos. Tienen alta incertidumbre, bajo control de resultados y alta necesidad de creatividad.

    ↺ Estilo de liderazgo recomendado:

⇕ **Transformacional:** para motivar la innovación y sostener la visión en escenarios inciertos.

⇕ **Adaptativo:** para redirigir el rumbo cuando cambian las variables técnicas o de mercado.

☉ Rol del líder:

⇕ Generar confianza y tolerancia al error.

⇕ Estimular la creatividad sin presiones cortoplacistas.

⇕ Coordinar conocimiento interdisciplinario sin rigidez jerárquica.

➲ **Proyectos de implementación tecnológica (fase operativa):** este tipo de proyectos busca aplicar soluciones de inteligencia artificial probadas en procesos concretos de negocio o gestión. El objetivo es lograr resultados medibles, integración eficiente y adopción organizativa.

☉ Estilo de liderazgo recomendado:

⇕ **Ágil:** para manejar ciclos iterativos, *feedback* continuo y entrega progresiva de valor.

⇕ **Colaborativo:** para facilitar la adopción entre áreas usuarias, técnicas y estratégicas.

☉ Rol del líder:

⇕ Alinear expectativas técnicas y estratégicas.

⇕ Promover el trabajo entre usuarios finales y equipos técnicos.

⇕ Garantizar entregables funcionales y sostenibles.

➲ **Proyectos sensibles desde el punto de vista ético o social:** aquí la inteligencia artificial se aplica en contextos donde sus decisiones afectan directamente a las personas (educación, salud, justicia, finanzas, seguridad, inclusión). Se requiere cautela, evaluación constante y participación de múltiples actores.

☉ Estilo de liderazgo recomendado:

⇕ **Ético:** para priorizar la transparencia, equidad y responsabilidad.

⇕ **Colaborativo:** para incluir voces diversas en el diseño, implementación y validación.

☉ Rol del líder:

⇕ Establecer mecanismos de supervisión y revisión ética.

    ⇕ Fomentar la participación de comunidades afectadas.
    ⇕ Promover una cultura de rendición de cuentas y transparencia.

➲ **Proyectos de innovación organizacional y cambio cultural:** estos proyectos utilizan la inteligencia artificial como catalizadora para transformar los procesos, los modelos de negocio o las formas de trabajo. Tienen un alto impacto en la estructura, la mentalidad y los hábitos de los equipos.

    ☽ Estilo de liderazgo recomendado:

        ⇕ **Transformacional:** para generar visión compartida e inspirar el cambio.
        ⇕ **Adaptativo:** para ajustar estrategias según la respuesta organizacional.

    ☽ Rol del líder:

        ⇕ Comunicar el propósito transformador más allá de lo técnico.
        ⇕ Gestionar la resistencia al cambio con empatía y visión.
        ⇕ Acompañar procesos de formación y apropiación de la tecnología.

➲ **Proyectos de analítica para toma de decisiones estratégicas:** en este caso, la inteligencia artificial o la ciencia de datos se utilizan para generar *insights* que guíen decisiones de alto impacto: planificación, inversión, diseño de políticas o innovación de servicios.

    ☽ Estilo de liderazgo recomendado:

        ⇕ **Basado en datos:** para interpretar y comunicar evidencia de forma clara.
        ⇕ Ético y estratégico: para evaluar los límites, riesgos y condiciones de cada decisión.

    ☽ Rol del líder:

        ⇕ Traducir los hallazgos técnicos a argumentos comprensibles.
        ⇕ Integrar el análisis cuantitativo con el juicio cualitativo.
        ⇕ Usar los datos como soporte, no como reemplazo del criterio.

Elegir el estilo de liderazgo adecuado es una decisión contextual y evolutiva. Un mismo proyecto puede requerir de distintos enfoques en sus diversas etapas. La clave está en que el líder se mantenga atento a las dinámicas del equipo, los desafíos emergentes y el entorno social de aplicación.

4.5. Barreras comunes que enfrentan los líderes en inteligencia artificial

Los líderes que trabajan en los proyectos de inteligencia artificial se enfrentan a múltiples obstáculos que van mucho más allá de los retos técnicos. Las dificultades pueden surgir en ámbitos como la comunicación entre los distintos perfiles, la resistencia al cambio organizacional, la falta de comprensión del valor real de la inteligencia artificial, la presión por los resultados inmediatos o los dilemas éticos derivados debidos al uso de datos sensibles o decisiones automatizadas.

NOTA

Estas barreras, si no se abordan adecuadamente, pueden ralentizar el progreso, desmotivar al equipo, generar conflictos o llegar a comprometer la viabilidad y la legitimidad del proyecto.

- -

Las barreras más frecuentes a las que se enfrentan las personas que lideran las iniciativas vinculadas a inteligencia artificial y a la ciencia de datos son:

- ⮑ **Falta de comprensión organizacional sobre IA:** una barrera habitual es no entender con realismo qué puede y qué no puede hacer la inteligencia artificial. Esto afecta a directivos, mandos intermedios y usuarios finales, y se traduce en expectativas poco realistas, proyectos mal definidos o mal enfocados y resistencia a adoptar soluciones percibidas como "cajas negras". El liderazgo debe educar a todos los niveles, comunicar con claridad alcances, límites y riesgos, y traducir el lenguaje técnico a un lenguaje estratégico.
- ⮑ **Ausencia de datos adecuados o gobernanza débil:** muchos proyectos fracasan por no disponer de datos suficientes, limpios o accesibles, o por carecer de políticas claras sobre su uso, calidad y seguridad. El resultado son modelos ineficaces, riesgos legales o reputacionales y dificultades para escalar. La respuesta pasa por impulsar una gestión estratégica de datos, involucrar a áreas legales, técnicas y de negocio en la planificación y priorizar la calidad y la trazabilidad por encima de la cantidad.
- ⮑ **Cultura organizacional resistente al cambio:** la IA exige nuevas formas de trabajar, decidir y colaborar, pero las estructuras rígidas, los silos y las culturas jerárquicas frenan la innovación. Esto genera rechazo de herramientas nuevas, aislamiento del equipo de IA y fricción entre innovación

y operación. El liderazgo debe promover el cambio con el ejemplo y una comunicación consistente, incluir a usuarios finales en el diseño e implementación y reconocer el valor del conocimiento existente para construir sobre él.

⮞ **Déficit de competencias en el equipo o en la dirección:** cuando faltan capacidades clave —desde ciencia de datos y pensamiento ético hasta comunicación efectiva y comprensión del negocio— se toman decisiones mal fundamentadas, se dificulta traducir necesidades a soluciones técnicas y se rompe el puente entre estrategia y operación. Es esencial diagnosticar brechas, diseñar planes de formación, fomentar el aprendizaje entre pares y la mentoría cruzada, y desarrollar tanto competencias técnicas como blandas en toda la organización.

⮞ **Presión por resultados rápidos y visibles:** la exigencia de impactos inmediatos, aun en proyectos que requieren exploración e iteración, conduce a soluciones apresuradas y de baja calidad, desmotivación por metas poco realistas y desconfianza en la IA. Para gestionarlo, hay que alinear expectativas con honestidad y evidencia, definir indicadores de progreso progresivo —prototipos y pilotos— y comunicar logros intermedios y aprendizajes, no solo resultados finales.

⮞ **Falta de políticas o marcos éticos claros:** sin lineamientos de uso responsable, surgen parálisis, conflictos y decisiones poco sostenibles: aparecen dilemas sin criterios de acción, reacciones negativas del entorno y riesgos legales o regulatorios. El liderazgo debe promover principios y marcos de gobernanza de IA, integrar la Cuando los proyectos se desarrollan como islas tecnológicas, desconectadas de procesos y usuarios, pierden relevancia, se adoptan poco y generan frustración en los equipos. Para evitarlo, conviene vincular la iniciativa desde el inicio con las metas organizativas, involucrar a usuarios y áreas operativas en todo el ciclo y medir el impacto organizacional —no solo el técnico— de manera sistemática.

⮞ **Aislamiento del proyecto de IA dentro de la organización:** en muchas ocasiones, los proyectos de inteligencia artificial se desarrollan como islas tecnológicas, desconectadas de los procesos clave y de los usuarios reales. Esto provoca pérdida de relevancia organizacional, escasa adopción de las soluciones y frustración en el equipo de IA. El líder debe asegurar que el proyecto esté integrado desde el inicio en las metas organizativas, involucrar a usuarios y áreas operativas en todo el ciclo y medir el impacto no solo en términos técnicos, sino también organizacionales.

Las barreras a las que se enfrentan los líderes en proyectos que integran la inteligencia artificial no se superan únicamente aumentando la tecnología. Requieren de capacidad humana, visión sistémica y habilidades comunicativas, para, una vez identificadas, abordarlas de manera estratégica.

 **VÍDEO**

El siguiente vídeo ofrece una reflexión concisa sobre los dilemas éticos que plantea la inteligencia artificial, abordando su impacto en la sociedad y la toma de decisiones. Accede desde aquí para verlo.

https://redirectoronline.com/ifct1170209

5. Reconocimiento de los desafíos éticos y sociales de la inteligencia artificial

☞ **HILO CONDUCTOR**

María y Pedro han descubierto que la inteligencia artificial plantea importantes desafíos éticos y sociales, como la privacidad de los datos, el sesgo algorítmico y el impacto en el empleo. Ambos entienden la importancia de desarrollar estas tecnologías con responsabilidad, transparencia y con un enfoque centrado en las personas, para asegurar un uso justo, equitativo y ético.

El desarrollo y la utilización de la inteligencia artificial no es un proceso neutro ni exclusivamente técnico. Cada sistema de inteligencia artificial está influido por decisiones humanas que tienen consecuencias sociales, políticas, económicas y culturales. Por eso, junto a los avances en rendimiento, eficiencia o automatización, han surgido interrogantes sobre sus efectos éticos: ¿a quién beneficia?, ¿a quién excluye?, ¿con qué criterios se toman las decisiones automatizadas?

El reconocimiento de los desafíos éticos y sociales es una competencia clave para cualquier profesional que quiera trabajar con la inteligencia artificial desde una perspectiva responsable.

A medida que los sistemas de inteligencia artificial se integran en ámbitos sensibles como la salud, la educación, la justicia o las finanzas, afloran dilemas éticos que deben abordarse con responsabilidad. Estos dilemas no siempre tienen respuestas simples, pero ignorarlos puede provocar consecuencias negativas como la discriminación, la pérdida de derechos, la desigualdad, la vigilancia indebida o una falta de confianza social.

Los principales **dilemas éticos** a los que se enfrentan los desarrolladores, líderes o usuarios de la inteligencia artificial son:

- **Sesgo y discriminación algorítmica:** los sistemas de inteligencia artificial aprenden de los datos que se les proporcionan. Si estos datos reflejan prejuicios sociales, desigualdades históricas o representaciones desequilibradas, es probable que la inteligencia artificial no solo los reproduzca, sino que los amplifique. Por ejemplo, se han detectado algoritmos de contratación que favorecen perfiles masculinos, modelos de reconocimiento facial menos precisos con personas negras, y sistemas de puntuación crediticia que penalizan zonas geográficas pobres. Esto plantea preguntas éticas fundamentales: ¿quién supervisa los datos? ¿Cómo se detectan y corrigen los sesgos? ¿Quiénes son los más perjudicados cuando el sistema se equivoca?
- **Falta de transparencia y explicabilidad:** muchos modelos de inteligencia artificial, especialmente los basados en aprendizaje profundo, funcionan como verdaderas "cajas negras". Generan resultados efectivos, pero sus procesos internos resultan tan complejos que incluso sus propios desarrolladores tienen dificultades para explicarlos. Esto se convierte en un problema cuando, por ejemplo, una persona recibe una negativa a un préstamo o una multa automática sin entender por qué. La falta de explicabilidad también impide auditar el sistema y garantizar que funcione de manera justa. En este contexto, surge una reflexión ética importante: ¿tenemos derecho a saber cómo se toman las decisiones que nos afectan? ¿Qué grado de transparencia se necesita para garantizar la justicia?
- **Privacidad y uso de datos personales:** la inteligencia artificial depende de grandes volúmenes de datos para funcionar adecuadamente. Pero cuando estos datos son personales o sensibles, se pone en riesgo la privacidad, el anonimato y el consentimiento de las personas. Casos como aplicaciones móviles que recolectan datos biométricos sin avisar, asistentes virtuales que registran conversaciones o bases de datos vendidas sin autorización, ilustran estos peligros. Esto nos lleva a cuestionar:

¿las personas están siendo informadas de manera clara? ¿Qué derechos tienen sobre sus datos? ¿Pueden negarse a ser analizadas por estos sistemas?

➲ **Responsabilidad en caso de errores:** cuando una inteligencia artificial comete un error que causa daño, surge la duda sobre quién es el responsable. ¿El programador? ¿La empresa que desarrolló la tecnología? ¿El usuario que la aplicó? Ejemplos como vehículos autónomos involucrados en accidentes, diagnósticos médicos automatizados que omiten enfermedades graves, o plataformas que promueven discursos de odio, demuestran que los errores no son hipotéticos. Esto plantea cuestiones éticas difíciles: ¿podemos responsabilizar a un sistema? ¿Cómo se reparan los daños ocasionados? ¿Qué mecanismos de supervisión deberían existir?

➲ **Desplazamiento laboral:** la automatización impulsada por la inteligencia artificial puede provocar la pérdida de numerosos empleos, especialmente entre quienes tienen menor formación o menos capacidad para adaptarse a los cambios. Esto puede generar un aumento en la desigualdad económica, una pérdida de propósito profesional, y una brecha creciente entre los trabajadores adaptados a la digitalización y aquellos que han quedado desplazados. En este contexto, cabe preguntarse: ¿quién debe asumir la responsabilidad por los efectos sociales de estos cambios tecnológicos? ¿Qué papel deben jugar las empresas y los gobiernos para mitigar el impacto?

➲ **Uso indebido o malintencionado de la IA:** como cualquier tecnología poderosa, la inteligencia artificial puede ser usada con fines manipuladores, autoritarios o destructivos. Existen riesgos claros como la vigilancia masiva sin control judicial, la generación de desinformación mediante *deepfakes,* o el uso militar de sistemas autónomos para tomar decisiones letales. Esto obliga a reflexionar: ¿deberían existir límites sobre lo que puede hacer la inteligencia artificial? ¿Quién tiene la autoridad para definir esos límites y cómo pueden hacerse cumplir?

➲ **Exclusión digital y brechas de acceso:** no todas las personas ni todas las comunidades tienen el mismo acceso a las tecnologías basadas en inteligencia artificial. Esta desigualdad puede agravar otras ya existentes. Por ejemplo, muchas herramientas educativas con inteligencia artificial están disponibles solo en inglés, mientras que en zonas rurales puede faltar conectividad o alfabetización digital. Además, muchos sistemas se entrenan sin tener en cuenta datos de grupos marginados, lo que los hace menos inclusivos. Esto lleva a una última pregunta clave: ¿la inteligencia artificial está pensada realmente para todos? ¿Cómo se garantiza que sea inclusiva? ¿Quién decide qué grupos están representados?

Los desafíos éticos que plantea la inteligencia artificial son aspectos que afectan a derechos, vidas y oportunidades. Reconocerlos es el primer paso para abordarlos desde la responsabilidad, la regulación y el diseño centrado en las personas. No se trata de detener el avance de la inteligencia artificial, sino de asegurar que ese avance beneficia a todos, sin excluir, dañar o controlar injustamente. Una inteligencia artificial ética es la única aceptable en una sociedad democrática, plural y sostenible.

5.1. Marcos éticos y principios internacionales sobre la inteligencia artificial

El crecimiento acelerado de la inteligencia artificial ha generado una necesidad urgente de establecer principios, marcos y acuerdos éticos que orienten su desarrollo, implementación y uso. Aunque la tecnología avanza a escala global, su impacto afecta a los derechos humanos, a las instituciones, a las normas sociales y a las estructuras económicas. Por ello, algunos organismos internacionales, gobiernos, universidades y empresas han comenzado a definir y establecer las referencias éticas básicas para tratar de garantizar que la inteligencia artificial se utiliza de forma justa, transparente y segura.

A continuación, se describen los principales marcos éticos y principios reconocidos internacionalmente.

Recomendación sobre la ética de la inteligencia artificial (UNESCO, 2021)

La UNESCO ha promovido uno de los marcos más amplios y globales sobre la ética de la inteligencia artificial, aprobado por 193 Estados miembros.

Entre los **principios clave** se encuentran:

- ⮑ Protección de los derechos humanos como base innegociable del desarrollo tecnológico.
- ⮑ Inclusión y no discriminación, con especial atención a género, diversidad cultural y accesibilidad.
- ⮑ Sostenibilidad ambiental, destacando la necesidad de que la IA no aumente el consumo de recursos de forma irresponsable.
- ⮑ Supervisión humana, para evitar la delegación ciega en sistemas automatizados.

Los **instrumentos propuestos** incluyen evaluaciones de impacto ético, la creación de comités de ética en organizaciones y la formación en ética de la inteligencia artificial para desarrolladores y líderes.

Principios sobre IA de la OCDE (2019)

La organización para la cooperación y el desarrollo económicos (OCDE) publicó un conjunto de principios adoptados por más de 40 países miembros y no miembros.

Los **ejes principales** de este marco incluyen:

- **Inteligencia artificial centrada en el ser humano:** debe respetar la dignidad, la autonomía y el bienestar de las personas.
- **Transparencia y explicabilidad:** los sistemas deben ser comprensibles y auditables.
- **Seguridad y robustez:** deben prevenirse errores, abusos y ataques.
- **Responsabilidad:** debe poder determinarse quién responde ante los efectos de un sistema de inteligencia artificial.

Estos principios sirvieron como base para otros marcos, como los del G20 y la Unión Europea.

Directrices éticas para una IA confiable (Comisión Europea, 2019)

La Unión Europea ha sido pionera en impulsar una inteligencia artificial confiable, legal, ética y robusta, estableciendo principios y condiciones claras para su desarrollo.

Entre los **componentes clave** se encuentran:

- Supervisión humana activa *(human-in-the-loop)*.
- Privacidad y gobernanza de datos.
- Diversidad, no discriminación y equidad.
- Transparencia del sistema y trazabilidad del proceso de decisión.
- Responsabilidad y mecanismos de quejas o reclamación.

Este enfoque ha derivado en propuestas legislativas, como el AI Act, el primer marco regulatorio integral sobre la inteligencia artificial en el mundo.

Principios de Montreal (2018)

Este documento fue elaborado por un grupo de académicos, juristas y activistas con el fin de promover una inteligencia artificial responsable desde la sociedad civil.

Su **enfoque** se basa en:

- ➲ Democratización del acceso y desarrollo de la inteligencia artificial.
- ➲ Protección contra el uso militar y coercitivo.
- ➲ Evaluación continua del impacto social.
- ➲ Derechos digitales como base de la inteligencia artificial.

Carta de Derechos Digitales (España, 2021)

En el contexto nacional, España impulsó en el año 2021 una Carta de Derechos Digitales como parte de su estrategia de digitalización responsable.

Entre los **derechos destacados** se encuentran:

- ➲ Derecho a la neutralidad tecnológica.
- ➲ Derecho a la no discriminación algorítmica.
- ➲ Derecho a la identidad y autonomía digital.
- ➲ Derecho a la educación digital y a la desconexión.

Aunque no tiene carácter vinculante, sirve como marco orientador para políticas públicas, empresas tecnológicas y desarrolladores.

 **NOTA**

Estos marcos éticos no resuelven los dilemas de la inteligencia artificial, pero establecen la base para decidir de forma responsable mediante el ofrecimiento de guías y pautas de acción para aquellas empresas, gobiernos, desarrolladores y ciudadanos que buscan usar la inteligencia éticamente.

Los marcos éticos internacionales buscan garantizar un uso justo y transparente de la inteligencia artificial.

 PARA SABER MÁS

La siguiente publicación presenta el marco normativo global propuesto por la UNESCO para promover un uso ético, justo y transparente de la inteligencia artificial en todos los sectores.

https://redirectoronline.com/ifct1170208

 TAREA 2

El centro educativo en el que trabaja Sofía ha decidido implementar un sistema de inteligencia artificial para personalizar el aprendizaje de los estudiantes. El sistema analizará los hábitos de estudio, el rendimiento y las interacciones

Continúa en página siguiente >>

<< Viene de página anterior

de los estudiantes en la plataforma virtual para ofrecerles recomendaciones personalizadas y predicciones sobre su riesgo de suspenso de las asignaturas.

El proyecto es innovador y, aunque está en fase inicial, se ha conformado el equipo de trabajo. En el mismo hay ingenieros de datos, docentes, diseñadores de experiencia de usuario, especialistas en ética y protección de datos, así como personal administrativo.

Debido a su experiencia, Sofía es nombrada líder del proyecto, pero no domina los aspectos técnicos del sistema ni tiene experiencia en ciencia de datos.

Al poco de trabajar en este proyecto aparecen los primeros inconvenientes:

- Roces entre los docentes y los técnicos debidos a las diferentes prioridades.
- Incertidumbre sobre la protección de datos estudiantiles.
- Expectativas poco realistas por parte de la dirección.
- Necesidad de tomar decisiones sobre el diseño algorítmico con implicaciones éticas.

Como consultor externo, debes ayudar a Sofía a diseñar su enfoque de liderazgo.

- ¿Qué estilo de liderazgo le recomendarías adoptar a Sofía y por qué?
- ¿Qué competencias personales debe priorizar en este contexto?
- ¿Cómo puede gestionar los conflictos interdisciplinares y la presión institucional?

6. Resumen

La inteligencia artificial ha evolucionado, pasando de ser una disciplina académica a convertirse en una tecnología transversal que transforma sectores como la salud, la educación, las finanzas o la industria. Su implementación permite automatizar tareas, optimizar procesos y generar conocimiento mediante el análisis de datos. Algunos de los principales ámbitos funcionales en los que la inteligencia artificial aporta valor son:

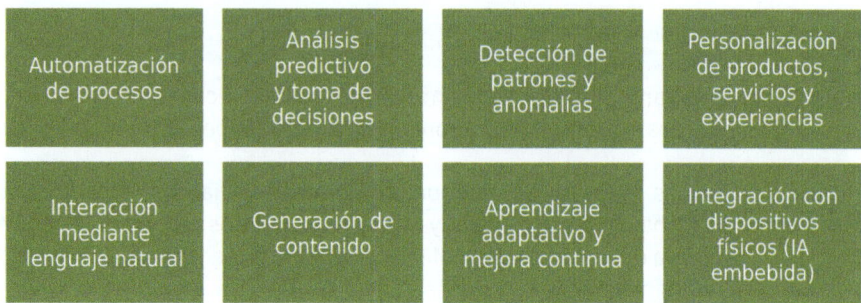

La inteligencia artificial no actúa sola, sino que forma parte de un entramado tecnológico impulsado por la transformación digital, en el que confluyen el *big* data, la computación en la nube, el internet de las cosas (IoT) y la robótica inteligente. Este conjunto forma un entorno interdependiente donde cada elemento potencia a los otros.

La inteligencia artificial y la transformación digital representan una oportunidad para rediseñar industrias, instituciones y modelos de vida, pero también un desafío para hacerlo con responsabilidad, con sentido y mediante una visión estratégica.

La inteligencia artificial puede incorporar distintas funciones, como la predicción, la personalización o la interacción con los usuarios. Estas funciones se repiten en múltiples industrias y son prueba de su utilidad como tecnología de propósito general.

La inteligencia artificial está en constante evolución con modelos generativos, aprendizaje autosupervisado y plataformas accesibles como asistentes virtuales o sistemas predictivos.

Algunas líneas tecnológicas emergentes que están marcando el rumbo de la inteligencia artificial actualmente son:

- Inteligencia artificial generativa
- Modelos fundacionales y multimodales
- *Edge AI* (IA en el borde)
- Agentes autónomos y autoejecutables
- Inteligencia artificial explicable (XAI)
- Entrenamiento federado y preservación de la privacidad

Cada avance tecnológico provoca efectos en el empleo, la educación, la economía y la cultura. Estos impactos pueden ser positivos o generar exclusión si no se gestionan de forma responsable.

Entre las principales implicaciones sociales y económicas derivadas de las nuevas aplicaciones de la inteligencia artificial destacan:

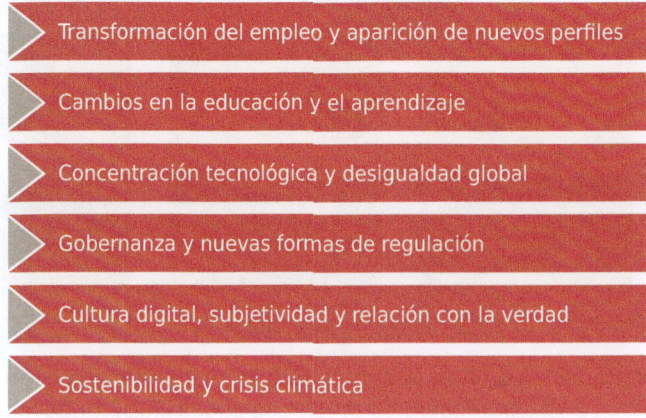

Transformación del empleo y aparición de nuevos perfiles

Cambios en la educación y el aprendizaje

Concentración tecnológica y desigualdad global

Gobernanza y nuevas formas de regulación

Cultura digital, subjetividad y relación con la verdad

Sostenibilidad y crisis climática

El desarrollo de plataformas accesibles está democratizando el uso de la inteligencia artificial, permitiendo su integración empresarial sin necesidad de conocimientos técnicos avanzados. Esto potencia la innovación inclusiva.

Los líderes en los proyectos que incorporan la inteligencia artificial deben ser capaces de equilibrar las habilidades técnicas con la visión ética, el pensamiento crítico y la colaboración interdisciplinar. Ya no se trata solo de dirigir, sino de facilitar procesos adaptativos.

Entre las principales características que debe tener un liderazgo eficaz en este tipo de entornos destacan:

- Visión estratégica y pensamiento sistémico.
- Toma de decisiones basada en datos.
- Capacidad de liderar equipos interdisciplinarios.
- Cultura de aprendizaje continuo.
- Ética y responsabilidad.
- Habilidad para traducir entre lo técnico y lo estratégico.
- Adaptabilidad al cambio y gestión de la incertidumbre.
- Habilidad para influir sin imponer.

La naturaleza del proyecto (experimental, consolidado, crítico) influye en el tipo de liderazgo más eficaz. La clave está en adaptar el enfoque a las necesidades del equipo y del entorno.

Entre los principales modelos de liderazgo que mejor se ajustan a las exigencias de los proyectos vinculados con la ciencia de datos y la inteligencia artificial destacan:

Los obstáculos van más allá de lo técnico e incluyen resistencia al cambio, conflictos de comunicación o presiones éticas. Superarlos requiere de habilidades blandas y pensamiento sistémico.

Entre los problemas más frecuentes a los que se enfrentan los líderes de los proyectos de inteligencia artificial y ciencia de datos destacan:

- Brecha entre lo técnico y lo estratégico.
- Dificultad para gestionar la incertidumbre.
- Falta de talento interdisciplinario.
- Desalineación entre expectativas y resultados.
- Gestión ética y social de los impactos.
- Integración de la IA en procesos organizativos.
- Sostenibilidad y escalabilidad del proyecto.

La inteligencia artificial plantea dilemas sobre discriminación, privacidad, transparencia y toma de decisiones automatizadas. Por ello, se han creado marcos éticos internacionales que orientan su desarrollo responsable.

Los principales dilemas éticos a los que se enfrentan los desarrolladores, líderes o usuarios de la inteligencia artificial son:

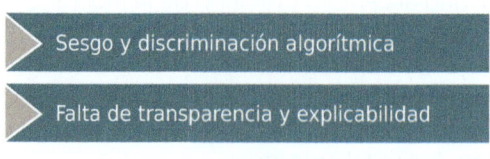

Continúa en página siguiente >>

<< Viene de página anterior

> Privacidad y uso de datos personales

> Responsabilidad en caso de errores

> Desplazamiento laboral

> Uso indebido o malintencionado de la IA

> Exclusión digital y brechas de acceso

Ejercicios de autoevaluación
Unidad de Aprendizaje 2

1. **Indica si las siguientes oraciones son verdaderas o falsas.**

   a. La inteligencia artificial opera aisladamente.

      ■ Falso
      ■ Verdadero

   b. La inteligencia artificial se ha convertido en una de las tecnologías más transformadoras y relevantes de nuestro tiempo.

      ■ Falso
      ■ Verdadero

   c. La inteligencia artificial es una tecnología que solo se puede utilizar en unos sectores específicos, como la salud, la educación, o la industria.

      ■ Falso
      ■ Verdadero

   d. La capacidad de la inteligencia artificial para grandes volúmenes de datos ha transformado múltiples ámbitos de la vida cotidiana.

      ■ Falso
      ■ Verdadero

2. **¿Qué permite el análisis masivo de datos mediante inteligencia artificial?**

   a. Evitar el uso de la computación en la nube.
   b. Hacer predicciones y tomar decisiones informadas.
   c. Eliminar la necesidad de personal técnico.
   d. Reducir el uso de sensores físicos.

3. ¿Qué permite la combinación de funciones como la automatización y la interacción por lenguaje natural?

    a. La eliminación de las interfaces gráficas
    b. El funcionamiento de *chatbots* inteligentes
    c. El aumento del consumo energético
    d. La sustitución total del trabajo humano

4. ¿Cuál de las siguientes tecnologías es esencial para que la inteligencia artificial procese grandes volúmenes de información?

    a. Realidad aumentada
    b. *Big data*
    c. Impresión 3D
    d. Energía solar

5. Un beneficio de entender los derivados de la transformación digital es:

    a. Acelerar el reemplazo de los profesionales humanos.
    b. Implementar la inteligencia artificial sin una evaluación previa.
    c. Anticipar las oportunidades de innovación responsable.
    d. Disminuir la inversión en ciberseguridad.

6. ¿Qué efecto tiene la inteligencia artificial en la relación entre personas, máquinas e información?

    a. Las desconecta y segmenta en niveles jerárquicos.
    b. Reduce la comunicación entre humanos y tecnología.
    c. Rediseña la interacción de forma más eficiente y automatizada.
    d. Limita el acceso a fuentes de datos.

7. ¿Qué implica anticiparse a las innovaciones al usar la inteligencia artificial?

    a. Copiar los modelos existentes.
    b. Conocer únicamente los productos disponibles.
    c. Prever sus impactos y tomar decisiones estratégicas.
    d. Esperar a que otros implementen la tecnología.

8. ¿Qué transformación produce la inteligencia artificial en el ámbito del empleo?

    a. Reduce todas las oportunidades laborales.
    b. Elimina por completo los perfiles analíticos.
    c. Automatiza las tareas y crea nuevos perfiles profesionales.
    d. Aumenta exclusivamente los trabajos manuales.

9. ¿Qué beneficio ofrece el uso de herramientas de inteligencia artificial en las empresas?

    a. Sustituir completamente al personal humano.
    b. Incrementar el control burocrático.
    c. Integrar soluciones inteligentes de forma accesible.
    d. Eliminar toda necesidad de capacitación.

10. ¿Qué tipo de liderazgo se necesita en los entornos cambiantes y multidisciplinares como los de la inteligencia artificial?

    a. Jerárquico y centralizado
    b. Tradicional y lineal
    c. Adaptativo y colaborativo
    d. Autónomo y desconectado

Glosario

Algoritmo
Conjunto de instrucciones o reglas lógicas definidas y secuenciales que permiten resolver un problema o ejecutar una tarea determinada.

Automatización
Proceso mediante el cual se delegan las tareas o los procesos repetitivos a los sistemas tecnológicos, reduciendo la intervención humana. En el contexto de la inteligencia artificial, la automatización inteligente combina aprendizaje automático y análisis de datos para optimizar operaciones, ahorrar tiempo, disminuir errores y mejorar la productividad de las organizaciones.

Big data
Término que hace referencia a los conjuntos de datos extremadamente grandes y complejos, que superan la capacidad de procesamiento de las herramientas tradicionales. Se caracteriza por las "5 V": volumen, velocidad, variedad, veracidad y valor. El análisis de *big data* permite detectar patrones, anticipar comportamientos y tomar decisiones basadas en la evidencia.

Chatbot
Aplicación de *software* que utiliza la inteligencia artificial para simular una conversación con un usuario, ya sea por texto o voz. Los *chatbots* se utilizan habitualmente en la atención al cliente, la automatización de las respuestas frecuentes y la asistencia digital personalizada, mejorando la experiencia del usuario y reduciendo los tiempos de espera.

Computación en la nube *(cloud computing)*
Modelo de entrega de servicios tecnológicos a través de internet. Facilita el acceso remoto a los recursos escalables y de bajo coste, sin necesidad de una infraestructura física local, lo que resulta clave en los proyectos de inteligencia artificial que requieren de grandes capacidades de procesamiento y almacenamiento.

CRM *(customer relationship management)*

Sistema de gestión que centraliza y organiza la información sobre los clientes para mejorar la relación comercial. Ayuda a realizar un seguimiento detallado del comportamiento del cliente, personalizar la comunicación y mejorar las estrategias de venta y fidelización. Es una herramienta clave para la transformación digital de las organizaciones.

Datos estructurados

Información que sigue un formato predefinido y que se almacena en bases de datos relacionales. Es fácilmente consultable y analizable por sistemas informáticos. Ejemplos comunes son nombres, fechas, números o direcciones organizadas en tablas. Los datos estructurados son fundamentales para tareas analíticas y de toma de decisiones automatizadas.

Datos no estructurados

Información que no tiene un formato o esquema definido, por lo que no puede almacenarse fácilmente en bases de datos tradicionales. Incluye correos electrónicos, documentos de texto, imágenes, vídeos, grabaciones de voz y publicaciones en redes sociales. Requiere del uso de técnicas avanzadas, como la inteligencia artificial, para su procesamiento y análisis.

IA (inteligencia artificial)

Campo de estudio dentro de la informática que desarrolla sistemas capaces de simular las capacidades humanas como aprender, razonar, tomar decisiones y resolver problemas. Se aplica en sectores como la salud, la industria, el *marketing* y la educación. Existen diferentes tipos de inteligencia artificial, desde sistemas basados en reglas hasta redes neuronales y de aprendizaje profundo.

Inteligencia artificial aumentada (IA+)

Enfoque de la inteligencia artificial que busca complementar y mejorar las capacidades humanas, en lugar de reemplazarlas. Se utiliza para apoyar la toma de decisiones, optimizar tareas complejas y permitir que los profesionales se centren en funciones estratégicas. Su aplicación está implantada en áreas como la medicina, el análisis de datos o la educación personalizada.

Internet de las cosas (IoT)

Red de objetos físicos conectados a internet que recopilan e intercambian datos con otros dispositivos y sistemas. Estos objetos pueden ser electrodomésticos, sensores industriales, vehículos o dispositivos médicos. El IoT permite automatizar procesos, mejorar la eficiencia y generar datos en tiempo real para alimentar sistemas de inteligencia artificial.

Machine learning (aprendizaje automático)

Subcampo de la inteligencia artificial que se enfoca en desarrollar algoritmos capaces de aprender a partir de los datos y mejorar su rendimiento con el tiempo. No requiere del uso de instrucciones explícitas para cada tarea, lo que lo hace ideal para clasificar la información, la predicción de tendencias y la personalización de los servicios digitales.

Procesamiento del lenguaje natural (PLN)

Área de la inteligencia artificial que permite a las máquinas entender, interpretar, generar y responder lenguaje humano. Se utiliza en *chatbots,* asistentes virtuales, análisis de sentimiento y traducción automática. El PLN permite una interacción más natural entre personas y sistemas tecnológicos.

Robot

Dispositivo físico o virtual que puede realizar tareas de forma autónoma o semiautónoma, programado para ejecutar acciones específicas. Puede estar equipado con sensores, motores e inteligencia artificial para adaptarse a distintos entornos. Se utiliza en los sectores industriales, médicos, logísticos, de agricultura y de servicios.

Sesgo algorítmico

Situación en la que un algoritmo produce resultados parciales o injustos debido a datos incompletos, mal representados o con prejuicios implícitos. Esto puede generar discriminación en las decisiones automatizadas, como la selección de personal o la aprobación de créditos. Detectar y corregir el sesgo algorítmico es esencial para una inteligencia artificial ética y justa.

Transformación digital

Proceso mediante el cual las organizaciones adoptan tecnologías digitales para mejorar sus procesos, sus modelos de negocio y la relación con los clientes. Va más allá de la simple incorporación de la tecnología, ya que implica un cambio cultural, organizativo y estratégico. Es clave para la innovación y la competitividad en la economía actual.

Bibliografía

Monografías

→ BARRIO Andrés, M.: *Reglamento UE de inteligencia artificial*. Madrid: Editorial Lefebvre, 2025.

> Manual que recopila el texto completo del Reglamento (UE) 2024/1689, también conocido como Ley de Inteligencia Artificial o AI Act, junto con todos los actos delegados y de ejecución asociados. Establece un marco jurídico armonizado en toda la Unión Europea para garantizar una inteligencia artificial confiable y centrada en los derechos fundamentales, clasificando los sistemas por niveles de riesgo (inaceptables, alto, limitado, mínimo) y estableciendo requisitos de transparencia, evaluación y supervisión regulatoria.

→ BENÍTEZ Iglesias, R., ESCUDERO Bakx, G., KANANN Izquierdo, S. y MASIP Rodó, D.: *Inteligencia artificial avanzada*. Barcelona: Editorial UOC, 2013.

> Este libro ofrece una visión práctica y profunda de la inteligencia artificial avanzada, enfocándose en las técnicas de aprendizaje automático, en la detección de patrones y los algoritmos de optimización.

→ BRENET, D.: *La inteligencia artificial explicada: de los conceptos básicos a las aplicaciones avanzadas de IA*. Cornellà de Llobregat: Editorial ENI, 2024.

> Libro que realiza un recorrido desde los fundamentos de la inteligencia artificial hasta sus aplicaciones más avanzadas. Introduce conceptos clave como el *machine learning*, la PLN y la visión por computadora, incluyendo ejemplos prácticos que cubren desde la recolección de datos hasta el despliegue de modelos.

→ CHANNELS, R.: *El lado oscuro de la inteligencia artificial: amenazas y riesgos*. Editorial Independently Published, 2023.

> El manual analiza de forma crítica los aspectos negativos de la inteligencia artificial, incluyendo la pérdida de empleos debidos a la automatización, la violación de la privacidad, la discriminación algorítmica y el uso malicioso de tecnologías como los *deepfakes*.

→ CHANNELS, R.: *Inteligencia Artificial – Guía para principiantes: IA 101, Manual para iniciados.* Editorial Independently Published, 2023.

Este manual ofrece una explicación clara y sencilla de los conceptos básicos de la inteligencia artificial, como el aprendizaje automático, las redes neuronales y el procesamiento del lenguaje natural. Dirigido a personas sin experiencia técnica, presenta ejemplos prácticos y reflexiona sobre los impactos éticos y sociales de la inteligencia artificial en la vida cotidiana.

→ CORONADO García, B.: *ChatGPT e inteligencia artificial. IFCT0049.* Antequera: IC Editorial, 2025.

Manual con un enfoque eminentemente práctico, está diseñado para formar a profesionales en el uso de *ChatGPT* y otras herramientas de inteligencia artificial en los entornos productivos. Combina los conceptos teóricos sobre los modelos GPT (incluyendo ética y privacidad) con ejercicios, casos reales y prácticas que permiten aplicar estas tecnologías en el desarrollo de *chatbots* e integración en aplicaciones web y móviles.

→ GARCÍA García-Tuñón, S.: *IA desde cero: Inteligencia Artificial explicada de forma fácil.* Editorial Independently Published, 2024.

Manual introductorio dirigido a personas sin formación técnica que explica de forma clara y amena los fundamentos de la inteligencia artificial, desde el aprendizaje automático y las redes neuronales hasta el procesamiento del lenguaje natural y las herramientas como *ChatGPT* o *Midjourney*.

→ GARCÍA Novoa, C. y HERNÁNDEZ Rodríguez, F.: *Estudios sobre inteligencia artificial y economía digital.* Madrid: Editorial Aranzadi la Ley, 2024.

Libro que reúne estudios académicos y casos prácticos que exploran la intersección entre la inteligencia artificial y la economía digital. Aborda temas como los modelos de negocio basados en los datos, las estrategias de digitalización empresarial, el impacto de la inteligencia artificial en los mercados laborales y las regulaciones emergentes.

→ LÓPEZ Benítez, Y.: *Algoritmos de la inteligencia artificial.* Antequera: Editorial IC Editorial, 2025.

Manual con una visión práctica de los principales algoritmos de inteligencia artificial, incluyendo el *machine learning* supervisado, el no supervisado, el *deep learning* y el aprendizaje por refuerzo. Es ideal para quienes deseen adquirir habilidades en la creación y uso de los modelos de inteligencia artificial sin necesidad de profundos conocimientos matemáticos.

→ LÓPEZ Benítez, Y.: *Inteligencia artificial aplicada a la empresa. IFCT0019.* Antequera: IC Editorial, 2025.

Manual centrado en formar a los profesionales en la aplicación efectiva de la inteligencia artificial en los entornos empresariales. Aborda desde los conceptos fundamentales como el *big data*, el *machine learning* y el *deep learning* hasta la implementación de los modelos predictivos y herramientas tecnológicas como *Python* para el desarrollo práctico.

→ LÓPEZ Benítez, Y.: *Recursos basados en la inteligencia artificial aplicables a la empresa*. Antequera: IC Editorial, 2025.

> Este manual ofrece una visión práctica de los recursos y herramientas de inteligencia artificial que pueden implementarse en los contextos empresariales. Presenta ejemplos directos de aplicaciones como asistentes virtuales internos, automatización de tareas comerciales, análisis de datos para la toma de decisiones y mejora de la experiencia del cliente. Guía destinada a los profesionales que buscan una visión rápida y operativa de cómo integrar la inteligencia artificial en la gestión diaria de su empresa.

→ MARTÍN-HERRERA, D.: *La inteligencia artificial y el control algorítmico de los derechos fundamentales*. Madrid: Editorial Aranzadi la Ley, 2024.

> Este manual analiza cómo la inteligencia artificial y los sistemas algorítmicos pueden afectar a los derechos fundamentales como la privacidad, la libertad de expresión y la igualdad al automatizar decisiones que impactan la vida de las personas. Propone marcos legales, éticos y técnicos para garantizar la transparencia, el control humano y la rendición de cuentas en los desarrollos de inteligencia artificial.

→ PALMA Méndez, J. T. y MARÍN Morales, R.: *Inteligencia artificial y sistemas inteligentes: técnicas, métodos y aplicaciones*. México: Editorial McGraw-Hill Interamericana de España S. L., 2008.

> Manual que ofrece una visión integral de la inteligencia artificial y los sistemas inteligentes, combinando la teoría y la práctica. Aborda aspectos sobre la lógica, la representación del conocimiento, la búsqueda heurística, las redes neuronales, el aprendizaje automático, la planificación, los sistemas multiagente y la validación, con ejemplos y ejercicios que facilitan el aprendizaje.

→ RODRÍGUEZ Muiños, C., SÁNCHEZ Lasheras, F. y MENÉNDEZ García, L. A.: *Programación de inteligencia artificial*. Barcelona: Editorial Marcombo, 2023.

> Manual correspondiente al módulo profesional de programación de inteligencia artificial en el curso de especialización en IA y *big data*, que presenta una visión práctica y aplicada de los lenguajes, plataformas y librerías más relevantes. Incluye esquemas, ejemplos, ejercicios resueltos y casos de uso orientados a entornos industriales y de automatización.

→ TAPIAS Cantos, P.: *Domina ChatGPT en 3 días: Aprovecha la inteligencia artificial para destacar y ser más eficiente*. Editorial Independently Published, 2023.

> Libro práctico y accesible que enseña a dominar *ChatGPT* en solo tres días, combinando explicaciones claras, ejemplos reales y una biblioteca de *prompts* listos para usar. Además, ofrece actualizaciones de por vida sobre las novedades de *ChatGPT,* lo que garantiza que se aproveche al máximo esta herramienta.

Publicaciones y páginas web online con recursos:

→ Blog de Fundación Ibercaja – Tecnología y sociedad, de: <https://youtu.be/mDziIMh_5Is>.

> Ponencia sobre ética e inteligencia artificial, enmarcada en el ciclo "Retos y oportunidades de la inteligencia artificial".

→ Blog Think Big – Telefónica, de: <https://blogthinkbig.com/tag/inteligencia-artificial>.

> Publicaciones sobre innovación, IA y transformación digital, adaptadas a lectores sin formación técnica.

→ El Mundo, de: <https://lab.elmundo.es/inteligencia-artificial/margaret-boden.html>.

> Publicación en la que se explora el perfil y las aportaciones de Margaret A. Boden, una figura pionera en IA y la ciencia cognitiva. Profesora emérita en la Universidad de Sussex, Boden ha sido reconocida con honores como el OBE y el premio Allen Newell de la AAAI.

→ FECYT: "La inteligencia artificial y su impacto en el bienestar social", de: <https://www.fecyt.es/sites/default/files/2025-02/informe_tendencias_2024_la_inteligencia_artificial_y_su_impacto_en_el_bienestar_social_0.pdf>.

> Este informe examina la influencia de la inteligencia artificial en la sociedad española, abordando temas como legislación, innovación, percepción pública y bienestar social.

→ Gobierno de España, de: <https://portal.mineco.gob.es/es-es/digitalizacionIA/Documents/Estrategia_IA_2024.pdf>.

> Documento que establece la hoja de ruta de España para posicionarse como referente en la inteligencia artificial mediante tres ejes principales y ocho palancas de acción: refuerzo de capacidades tecnológicas (centros de datos sostenibles, modelos en español), impulso de ecosistemas (espacios de datos sectoriales, laboratorios de innovación) y gobernanza ética (agencia reguladora, marco legal, formación y transparencia).

→ Guía de buenas prácticas para el uso de la inteligencia artificial ética, de: <https://www.pwc.es/es/publicaciones/tecnologia/odiseia-pwc-guia-responsable-ia.html>.

> Guía que presenta un conjunto de buenas prácticas para aplicar IA de manera segura, transparente, confiable y conforme a la normativa. Establece principios clave, como la gestión de privacidad de datos, la resistencia frente a manipulaciones o ataques, y la necesidad de formación y liderazgo ético en organizaciones.

→ INTEF: "El impacto de la inteligencia artificial en el aprendizaje, la enseñanza y la educación", de:
<https://intef.es/wp-content/uploads/2020/02/2019_11_Inteligencia-Artificial_JRC_INTEF.pdf>.

> Informe técnico, elaborado conjuntamente por el Joint Research Centre de la Comisión Europea y el INTEF, que examina el impacto de la inteligencia artificial en los ámbitos educativos.

→ *Intel* IA, de:
<https://www.intel.la/content/www/xl/es/artificial-intelligence/overview.html>.

> Portal de *Intel* que explica los conceptos clave de la inteligencia artificial, aprendizaje automático y su aplicación en diferentes industrias.

→ *Revista Iberoamericana de Inteligencia Artificial* (AEPIA), de:
<https://www.aepia.org/noticias/>.

> Página de la asociación española para la inteligencia artificial.

→ Unesco, de:
<https://www.unesco.org/es/artificial-intelligence/recommendation-ethics>.

> Artículos breves que explican aplicaciones prácticas de la IA en la vida cotidiana y recomendaciones éticas.